Inez De Florio-Hansen
unter Mitarbeit von Rosa Maria Liguori

VA BENE

Der kommunikative Italienischkurs

Band 2

Hueber

Wir danken Herrn Professor Francesco Guadalupi, Rom, für die freundliche Durchsicht des Manuskriptes.

Verlagsredaktion: Elisabeth Stiefenhofer, Ismaning
Layout: Erentraut Waldau, Ismaning
Zeichnungen: Claudia Martelli, Mailand
Reproduktionen: Ignatius Storr, München; Typo 3000, München;
e + r Repro GmbH, Donauwörth
Umschlaggestaltung: Dieter Bonhorst, München
Umschlagfoto: Leonore Ander, München

CIP-Kurztitelaufnahme der Deutschen Bibliothek

Va bene : d. kommunikative Ital.-Kurs. – München
[i.e. Ismaning] : Hueber
Bd. 2. [Hauptbd.]
Inez De Florio-Hansen. – 1. Aufl. – 1986.
ISBN 3–19–005137–2
NE: De Florio-Hansen, Inez [Mitverf.]

1. Auflage

3. 2. 1. | Die letzten Ziffern
1990 89 88 87 86 | bezeichnen Zahl und Jahr des Druckes.
Alle Drucke dieser Auflage können, da unverändert, nebeneinander benutzt werden.

Satz und Druck: Allgäuer Zeitungsverlag, Kempten · Printed in Germany
ISBN 3–19–005137–2

Vorwort

Der zweite Band des kommunikativen Italienischkurses **Va bene** führt die Arbeit mit **Va bene 1** weiter und vermittelt die für das VHS-Zertifikat erforderlichen Kenntnisse.

Viele grundlegende Redemittel aus dem 1. Band werden in den Texten und Übungen von **Va bene 2** wiederholt. Daher kann mit dem vorliegenden Band für Fortgeschrittene auch im Anschluß an andere Unterrichtswerke gearbeitet werden (eine Liste der grammatischen Strukturen von **Va bene 1** findet sich im *Lehrerhandbuch 2*).

Ausgangspunkt für die 10 Unterrichtseinheiten von **Va bene 2** sind, wie auch im 1. Band, die Informations- und Mitteilungsbedürfnisse der Lerner.

Überschriften und Zwischentitel geben Ihnen erste Hinweise, welche wichtigen Sprechabsichten und Themen in der jeweiligen *Unità* behandelt werden. Um die Lernschritte möglichst überschaubar zu halten, werden die Redeabsichten jeder Unterrichtseinheit in einer großen Zahl abwechslungsreicher Texte dargeboten.

Damit Sie den Überblick über den neuen Lernstoff nicht verlieren und eine bessere Einsicht in das grammatische System der italienischen Sprache gewinnen, haben wir es vermieden, in einer *Unità* zu viele grammatische Erscheinungen zu behandeln. Im Mittelpunkt jeder Unterrichtseinheit oder jedes Abschnitts stehen die grammatischen Strukturen, die für die Erweiterung Ihrer kommunikativen Fähigkeiten an dieser Stelle wichtig sind. Wie in **Va bene 1** wird die Grammatik in Form knapper Übersichten und Regeln nach jedem größeren Lernschritt zusammengefaßt. (Weitere Beispiele und Hinweise finden Sie im systematischen Grammatikteil des Arbeitsbuchs.) Um den Lernern Gelegenheit zu geben, die erworbenen Sprachkenntnisse zu vertiefen, werden in *Unità* 5 und 10 keine neuen Strukturen eingeführt.

Neben den Dialogen, die sich an tatsächlichen Sprachverwendungszusammenhängen orientieren und verschiedene Sprachebenen berücksichtigen, lernen Sie in **Va bene 2** viele andere Textsorten kennen: Texte aus Zeitungen, Zeitschriften und Informationsbroschüren, Anzeigen verschiedenster Art, Auszüge aus Sachbüchern und literarischen Werken, Werbetexte und Gebrauchsanweisungen, Comics, Vignetten, Witze, Rätsel etc. Die Zahl dieser authentischen Texte und Realien, die weitgehend in die Progression aufgenommen wurden, nimmt von *Unità* zu *Unità* zu. Sicher werden Sie mit Freude feststellen, wie gut Sie schon mit diesen in erster Linie für Italiener bestimmten Texten umgehen können. Außerdem gewinnen Sie durch diese authentischen Materialien einen direkten Zugang zu Lebens- und Denkweise der Menschen in Italien. Selbstverständlich gibt es auch in **Va bene 2** wieder viele Zusatztexte außerhalb der Progression (Symbol ■), die der Erweiterung des Leseverständnisses dienen. Am Ende dieses Bandes finden Sie einen reich illustrierten Farbteil, dessen fünf Abschnitte Sie nach Anweisun-

gen des Kursleiters im Rahmen bestimmter Unterrichtseinheiten behandeln können.
Die wichtigsten Redemittel werden, wie in **Va bene 1,** in Partnerübungen (Symbol) zusammengefaßt und in kommunikativen Situationen eingeübt. Oft können diese Übungen auch durch eigene Beispiele zu Rollenspielen und Dramatisierungen erweitert werden. Im oben erwähnten *Arbeitsbuch* (Hueber-Nr. 1.5137), welches Sie unbedingt parallel zu diesem Lehrbuch benutzen sollten, finden Sie zu jedem Lernschritt interessante, vielseitige Übungen, die oft von italienischen Originaltexten ausgehen und daher neben dem Übungseffekt weitere Informationen über Italien bieten. Die Übungen des Arbeitsbuches führen Sie vom gelenkten Sprechen zur freien Meinungsäußerung, schulen gezielt Ihr Hörverstehen und bieten zahlreiche Anregungen für die schriftliche Kommunikation.

Bei der Arbeit wünschen wir Ihnen viel Spaß und viel Erfolg!

Inhalt

Sprechintentionen	Bereiche	Grammatische Strukturen
jdn. zu etw. auffordern (*auch:* jdn. auffordern, etw. nicht zu tun) Notwendigkeit ausdrücken Möglichkeiten ausdrücken / Vermutungen anstellen jdn. an etwas erinnern versprechen, etw. zu tun einen Vorgang / Tatbestand einordnen nach Art und Weise	Rücksichtnahme, Hilfeleistungen, Gefälligkeiten im häuslichen Bereich, unter Freunden und Bekannten Anleitungen / Rezepte Begrüßungs- / Höflichkeitsfloskeln Ärztliche Anweisungen Vorhaben (Wochenende, Ferien) Vermutungen über Abwesenheit von Personen	**Imperativ** (vollständig; *auch:* verneinter Imp.) Konjunktiv Präsens 3. P. Sg. u. 3. P. Pl. als Ersatz für den Imperativ Befehlsform unregelmäßiger Verben Stellung der Pronomen beim Imperativ **Futur** der Verben auf -are, -ere, -ire unregelmäßige Verben **Adverbiale Ausdrücke:** In che modo? in modo strano con comodo in breve di nuovo andare / parlare piano andare veloce parlare forte

Landeskundliche Texte

- Ämterschlendrian in Italien (Bürokratisierung, Abwesenheiten italienischer Beamter und Angestellter in Ministerien)
- Ratschläge: Hygiene / Gesundheitsvorsorge / Fitness
- Krankenversicherung für italienische Touristen im Ausland

2 Sconsigliare e vietare

Seite 37

Sprechintentionen	Bereiche	Grammatische Strukturen
jdn. um Rat fragen jdm. von etwas abraten jdm. Alternativvorschläge machen jdn. warnen jdm. etwas verbieten sich für Ratschläge und Hinweise bedanken	Persönliche Angelegenheiten: Kontakt mit dem Partner, Freunden, Bekannten, Kollegen und Vorgesetzten Veranstaltungen Einkäufe Hotels / Gaststätten Ferienorte Straßenverkehr Rauchen	**Personalpronomen** zwei unbetonte Pronomen beim Verb, ci / vi und ne in Verbindung mit Personalpronomen **Konditional** der -are-, -ere-, -ire-Verben und unregelmäßiger Verben in höflichen Wendungen, bei unverbürgten Nachrichten, in irrealen Bedingungssätzen (Gegenwart) **Konjunktiv (Impf. als Irrealis)** der -are-, -ere-, -ire-Verben und unregelmäßiger Verben in irrealen Bedingungssätzen (Gegenwart) **Konjunktiv (Präsens)** der -are-, -ere-, -ire-Verben und unregelmäßiger Verben Verbot, Wunsch, Befürchtung, persönliche Meinung, Stellungnahme (Anfang)

Landeskundliche Texte

- Umgang mit Verboten in Italien
- Informationen für italienische „Gastarbeiter“
- Alternative Ferien in Italien
- Leserbrief

3 Comunicare e capirsi Seite 52

Sprechintentionen	Bereiche	Grammatische Strukturen
über Fremdsprachenkenntnisse sprechen sich nach Übersetzung, Bedeutung, Schreibung, Aussprache eines Wortes oder eines Ausdrucks erkundigen entsprechende Auskünfte erteilen um Wiederholung bitten, weil man (akustisch) nicht verstanden hat um Aufklärung eines Mißverständnisses bitten sich entschuldigen auf eine Entschuldigung reagieren	Hotel, Reisebüro, Sprachenschule, Stellenbewerbung Redewendungen: in Gesprächen mit Freunden (z. B. im Restaurant) am Arbeitsplatz Mißverständnisse: schlechte Telefonverbindung verpaßte Verabredung / Einladung (auch am Arbeitsplatz) Verschweigen eines Tatbestands Unfall Verwechslung von Personen	**Unpersönliches si** (auch passato prossimo): Si è parlato di lui. Si è arrivati da lui. *reflexive Verben:* Ci si vede oggi? *Veränderlichk. Adjektiv:* Quando si è malati ... **Konjunktiv** (Fortsetzung) persönliche Meinung, Ungewißheit, Zweifel *nach negativen Ausdrücken:* Non c'è nessuno qui che sappia ...? *nach Konjunktionen:* sebbene, senza che, prima che (senza, prima di mit Infinitiv) sperare: Konj. / Fut. / Inf. Irreale Bedingungssätze (Vergangenheit) **Veränderlichkeit des Partizip Perfekt** **avere:** nach vorausgeh. lo, la, li, le und ne **essere:** mehrere Subjekte (davon eines männlich): Carlo e le sue sorelle sono andati **Fragebildung** (Erweiterung): Quand' è che Sergio è arrivato?

Landeskundliche Texte

- Sprachliche Minoritäten
- Hochsprache und Dialekt
- Gesten und Körpersprache
- Ratschläge für Eltern (Lektüre / TV)
- Presse in Italien

5 Prendere posizione I

Sprechintentionen	Bereiche	Grammatische Strukturen
jdn. nach seiner Meinung fragen jdn. um Stellungnahme bitten einer Meinung zustimmen eine Meinung zurückweisen einer Meinung teilweise zustimmen angeben, warum man eine Meinung nicht teilt / nur bedingt teilt	technischer Fortschritt Sprachentwicklung Hunger in der Welt Lebensumstände	Wiederholung von Strukturen aus Unità 1–4

Landeskundliche Texte

- Dante e il computer
- Einflüsse des Englischen, der Technologie auf die italienische Sprache
- Konzerte zugunsten der dritten Welt (Zeitschriftenrubrik, Leserbrief)
- Lebensphilosophie in Süditalien

6 Descrivere ... Seite 104

Sprechintentionen	Bereiche	Grammatische Strukturen
Personen beschreiben Gegenstände und Orte beschreiben Ereignisse einordnen nach Zeit und Ort	Freunde, bekannte Persönlichkeiten Beschreibung des Äußeren als Erkennungszeichen Heiratsanzeigen Suchmeldung Berufsmerkmale Konsumgüter (Kleidung, Autos) Wohnungen / Häuser Orte / Sehenswürdigkeiten Zeitungsberichte, Rundfunknachrichten	**Passiv** *einfache Zeiten:* auch Ersatz von essere durch venire *zusammengesetzte Zeiten* Urheber der Handlung: *da.* Ersatz von essere durch andare: Dringlichkeit, Zwang **Adjektive** *Veränderlichkeit:* un' opera greco-romana una giacca rosso chiaro un maglione rosa un numero pari *Stellung:* un vino assai buono una donna bella e buona Veränderung der Bedeutung je nach Stellung: nuovo, povero, vecchio in übertragenem Sinn: la dolce vita *Pluralbildung von:* bianco, ricco, largo, grigio, serio **Artikel** avere i capelli neri **Pronomen** Di chi è ...? È mio ...

Landeskundliche Texte

- Heiratsanzeigen
- Stellenanzeigen
- Brücke über die Meerenge von Messina
- Sehenswürdigkeiten in Italien: Caffè Greco, Positano, Venedig im Winter, die Bronzefiguren von Riace
- Ausgaben italienischer Haushalte

7 Fare paragoni

Sprechintentionen	Bereiche	Grammatische Strukturen
Personen / Personengruppen vergleichen Tatbestände / Ereignisse vergleichen Dinge vergleichen sich beschweren	Italiener und Deutsche (Klischees) Karneval in Venedig und in Deutschland Nord- und Süditalien: – Bevölkerungsentwicklung (Emigration) – regionale Küchen / Weine Gestern und heute: – Feste / Nationalfeiertag – Erziehung / Studium – Verkehrsprobleme Freizeitunternehmungen / Reisen	**Steigerung der Adjektive** più (meno) bello – il più (meno) bello *Superlativo assoluto:* bellissimo, richissimo, Umschreibungen (molto, assai, tanto etc.) *Besondere Formen:* buono, cattivo, alto, basso, grande, piccolo di – che beim Vergleich (così) facile come (tanto) bravo quanto **Steigerung der Adverbien** bene, male, poco, molto più, di più, più di meno, di meno, meno di quello: Questo è il più bel libro fra quelli che ho letto.

Landeskundliche Texte

- Italiener über sich selbst (Darstellungen von Schriftstellern)
- Lorenzo de' Medici: Trionfo di Bacco e Arianna
- Statistische Daten zur Bevölkerungsentwicklung in Italien
- Gleichstellung der italienischen Frauen
- Schüler- und Studentendemonstrationen (Leserbrief)

8 Chiedere e desiderare

Seite 145

Sprechintentionen	Bereiche	Grammatische Strukturen
jdn. um eine Gefälligkeit bitten etwas von jdm. leihen einen Wunsch äußern auf eine Bitte / einen Wunsch reagieren	Erledigungen im häuslichen Bereich Hilfeleistungen von Freunden Bibliothek Fahrkartenschalter Autowerkstatt Umtausch Reisen Gesundheit	**Gerundio presente und passato** Stellung der Pronomen: dandoglielo Veränderlichkeit Partizip Perfekt: essendo tornato/-a/-i/-e **Participio presente** hauptsächlich als Adjektiv und Substantiv **Zeitenfolge** in konjunktivischen Nebensätzen: vorrei che tu mi prestassi

Landeskundliche Texte

- Una filastrocca (G. Rodari)
- Diario di un padre (G. Mosca)
- Leserbriefe
- Il signor Veneranda (C. Manzoni)
- Salute e pubblicità (Werbeanzeigen)
- La bustina di Minerva: Come si parla di un genio (U. Eco)

9 Amare e odiare

Seite 162

Sprechintentionen	Bereiche	Grammatische Strukturen
Vorliebe und Abneigung ausdrücken Gefühle und Stimmungen ausdrücken (bes. Sympathie, Liebe, Eifersucht, Enttäuschung, Gleichgültigkeit, Antipathie, Haß) auf Gefühlsäußerungen reagieren mit Dritten über Gefühle und Konflikte in Partnerschaften sprechen	Veranstaltungen Farben Essen Bekanntschaft Freundschaft Partnerschaft: Liebe Verlobung, Ehe Konflikte Trennung Scheidung	**Gerundium** mit andare: che vai dicendo? **Zeitenfolge** in indikativischen Nebensätzen in konjunktivischen Nebensätzen **Indirekte Rede** **Congiuntivo** (Zusammenfassung)

Landeskundliche Texte

I Promessi Sposi (Inhaltsangabe)
Un amore marinaro (Camilla Cederna)
Un amore nascente (Emilio Salgari, *Le Tigri di Mompracem*)
La crisi matrimoniale (Luca Goldoni, *Esclusi i presenti*)
La rottura di un fidanzamento (Natalia Ginzburg, *Le voci della sera*)
Zeitungstexte (auch Auszüge aus Fotoromanen) zu den Themen „Liebe“, „Partnerschaft“, „Eifersucht“, „Scheidung“.

10 Prendere posizione II

Seite 181

Sprechintentionen	Bereiche	Grammatische Strukturen
jdn. nach seiner Meinung fragen (Erweiterung) eine Meinung zurückweisen (Erweiterung) um Erläuterung zu einer Meinung / Stellungnahme bitten um Präzisierung der angeführten Argumente bitten	Staat und Parteien Gewerkschaften Integration Behinderter in Schule und Gesellschaft Umweltschutz	Gesamtwiederholung der wichtigsten Strukturen von **Va bene 2**

Landeskundliche Texte

- Staatssystem, Parteien, Gewerkschaften (libri di educazione civica, pubblicazione del Ministero del Turismo e dello Spettacolo)
- Arbeitnehmerprobleme (D. Maraini: *Mio marito*)
- Solidarität mit ausländischen Arbeitnehmern in Italien *(Toscana Emigrazione)*
- Brief der Schüler einer römischen Schule an den Bürgermeister
- «Lettera a una professoressa» (scuola di Barbiana)
- Zeitungstexte zur Schließung der psychiatrischen Anstalten (legge Basaglia)
- Zeitungstexte, Informationsmaterial, Flugblatt zum Umweltschutz (u.a. Referendum contro la caccia, Le centrali elettriche, Tutela del mare Adriatico, Ministero per l'Ambiente)

Quellenverzeichnis

Seite
21 R. Paciotti u. a.: Ciao amici, EDIPEM, Novara 1981
25 G. Soravia: Prima lingua, G. Principato, Mailand 1980
26 Nr. 13: Panorama, 5. 11. 1984
28 Panorama, 5. 3. 1984
29 Auszüge aus: I Dizionari Sansoni, Florenz 1975
30 Nr. 16: L'Espresso, 14. 3. 1982
31 A. Manzoni: I promessi sposi, Biblioteca universale, Rizzoli, Mailand 1985
33 Foto: Sergio Bellini, Rom
35 Nr. 22: Oggi, 17. 4. 1985
Nr. 23: La Settimana Enigmistica, 25. 5. 1985 und 15. 6. 1985
36 La Settimana Enigmistica, 29. 6. 1985, 17. 8. 1985, 15. 6. 1985; Parole come strumenti 1, A. Mondadori, Mailand 1981
39 oben: Il Piacere, Nr. 6, Juni 1985
unten: L'Espresso, Parchi naturali d'Italia, Guida 3, 1983
41 © UPI, Bonn
43 Oggi, 17. 4. 1985
46 Nr. 15: P. Angela, Da zero a tre anni, Garzanti, Mailand 1973
Verkehrsschilder: L'educazione stradale in 16 tavole, Nuova Centrauto, Pistoia
47 Nr. 17 unten: Domenica Quiz, 26. 10. 1984
51 La Settimana Enigmistica, 1985, und Domenica Quiz, 21.–23. 5. 1985
53 © UPI, Bonn
54 2 minuti d'intervallo con Bosc, Epoca, 1984
55 © Quino, Distr. by Quipos s. r. l.
56 L'Espresso, 9. 9. 1984
57 Nr. 11: T. De Mauro: La lingua e i dialetti, La Nuova Italia, Florenz 1969
Nr. 12: Greco u. a.: Chi parla sceglie, Istituto Geografico, De Agostini, Novara 1983
58 G. Soravia: Prima lingua, G. Principato, Mailand 1980
59 Fakultativtext: R. Simone, Fare italiano, La Nuova Italia, Florenz 1979
Nr. 14: G. Pittàno, Lingua, Ed. Scolastiche Bruno Mondadori; Tra noi – Francia, schede, Istituto della Enciclopedia Italiana, Rom 1985
60 La Settimana Enigmistica, 25. 5. 1985
61 Nr. 18: La Settimana Enigmistica, 27. 10. 1984
rechts unten: G. Soravia, Prima lingua, G. Principato, Mailand 1980
63 Nr. 22: G. Soravia, Prima lingua, G. Principato, Mailand 1980
65 Nr. 30: G. Soravia, Prima lingua, G. Principato, Mailand 1980
66 Nr. 31: G. Rodari, Il giornale dei genitori
68 Il linguaggio «gratioso», Toscana Emigrazione 1986
69 L. Montanari: Storia e civiltà dell'uomo, Ed. Calderini, Bologna 1983
70 E. De Amicis: Cuore, Malipiero Editore, Ozzano/Emilia, Bologna 1969
71 S. Agnelli: Vestivamo alla marinara, Mondadori, Mailand 1975
Abb. aus der deutschen Ausgabe „Wir trugen immer Matrosenkleider, Piper, München
N. Ginzburg: Lessico famigliare, Einaudi, Turin 1963
75 Foto aus: Vivere con, Ed. La Scuola, Brescia 1979
76 D. Maraini: Memorie di una ladra, Bompiani, Mailand 1972

Seite
77 Nr. 17: Domenica Quiz Nr. 21 vom 23. 5. 1985 und Nr. 25 vom 20. 6. 1985
La Settimana Enigmistica vom 27. 10. 1984 und 25. 5. 1985
78 A. Mangiafico: Sicilia: Storia di una colonia, Ed. Ottaviano 1977
79 links: Storia 2, SEI , Turin 1983
rechts oben: A. Brancati, Fare storia 2, La Nuova Italia, Florenz 1980
80 Nr. 20: R. Viganò: L'Agnese va a morire, Einaudi, Turin
Nr. 21: G. Guareschi: Italia Provvisoria, Rizzoli, Mailand 1983
83 4. Bertelsmann Lexikothek Verlag, Gütersloh
5. Bildarchiv Foto Marburg
8. Aufnahme aus dem Bildarchiv der Österr. Nationalbibliothek, Wien
9. Aufnahme aus dem Bildarchiv der Österr. Nationalbibliothek, Wien
85 I. Calvino: Fiabe italiane, Bd. 1, Einaudi, Turin 1980
87 La Settimana Enigmistica, 15. 8. 1985
89 Rosa Maria G. Liguori-Pace, Kronberg
90 Il Messaggero di Roma, 28. 12. 1985
91 Le letture 2, Garzanti Ed., Mailand 1985
92 Nr. 3: Adaptiert nach Tra noi – Francia, Istituto dell'Enciclopedia Italiana, Rom 1985
93 Nr. 5: Panorama, 27. 10. 1985
Nr. 7: Vivere con il computer, Agenda, La Nuova Italia, Florenz 1985
94 oben: Disegno da Almanacco Bompiani tecnologia ridens, Letture, Garzanti, Mailand
unten: Diario BC, Mondadori, Mailand 1977
95 G. Soravia: Prima lingua, G. Principato, Mailand 1980
96 L'Espresso, 28. 7. 1985
97 © Quino, Distr. by Quipos s. r. l.
98 Rockstar numero uno, Jan. 1986
99 L'Espresso, 28. 7. 1985
100 Nr. 16: Rockstar numero uno, Jan. 1986
Nr. 17: Parole come strumenti, Mondadori, Mailand 1981
101 Parole come strumenti, Mondadori, Mailand 1981
Nr. 18: L. De Crescenzo: La Napoli di Bellavista, Mondadori, Mailand 1979
102 Illustrazioni G. Forattini, Satyricon, A. Mondadori, Mailand 1982
103 Nr. 22: L. De Crescenzo: La Napoli di Bellavista, Mondadori, Mailand 1979
104 Il Messaggero di Roma, 29. 12. 1985
106 Nr. 8: La Repubblica, 8. 1. 1986
107 La Settimana Enigmistica, 15. 6. 1985
108 Rockstar numero uno, Jan. 1986
110 Nr. 13: © Altan, Distr. by Quipos s. r. l.
111 Nr. 15: Città Nuova Nr. 15/16, 10.–25. 8. 1985
Fakultativtext: L. De Crescenzo: Storia della filosofia greca, Mondadori, Mailand 1983
112 Rockstar numero uno, Jan. 1986
115 Lampada Tizio: La Repubblica, supplemento del 29. 11. 1985
116 La Stampa, 16. 11. 1982
117 Geografica 1, Signorella, Mailand 1986
118 La Repubblica, 28. 12. 1985
119 Foto unten: Prenzel-IFA Bildagentur, München
120 I bronzi di Riace, Le letture 1, Garzanti Ed., Mailand 1985

Fortsetzung Seite 263

1 Fare e non fare

1

□ Perché non abbassi un po' la radio? Non riesco a concentrarmi.
■ Che hai detto?
□ Abbassa la radio, ti prego, debbo finire questa relazione entro le sei.

2

3

□ Devo sbrigarmi, altrimenti non faccio in tempo a fare tutto prima di andare a prendere gli zii.

■ Sì, è già tardi. Abbi pazienza, Franco, passa anche da Luisa e avvertila che oggi non possiamo vederci. E non dimenticare i dolci!

□ E che dolci devo prendere?

■ Scegli un po' tu!

□ Non potresti farlo tu invece?

■ Va bene, vado io. Ricordati però che gli zii ti aspettano alle quattro in punto davanti a casa loro.

□ D'accordo. Se esco subito, credo di arrivare in tempo. Ciao.

1

Senti, posso darti un consiglio
mi permetti di darti un consiglio
posso dirti la mia
vuoi sentire la mia
?

Sì, certo.
... lo accetto volentieri.
Perché no?

Allora non aspettare	il tuo amico.	È inutile.
non chiamare	il professore.	pericoloso.
non ascoltare	questa signora.	Potrebbe essere
non toccare	i fili.	controproducente.
non aprire	questa scatola.	Non serve.
non scrivere	una lettera a ...	Non è il caso.
non telefonare	a ...	Perdi solo
non leggere	l'articolo su ...	del tempo.
non fare	lo stupido / il furbo / il dritto.	Ti fa perdere
	complimenti / problemi.	del tempo.
non andare a vedere	questo film / questa mostra.	È importante
non dimenticare di	avvertire i tuoi amici.	per te.
	comprare un po' di frutta.	lui / lei.
non perdere l'occasione di	incontrare questo cliente.	
	vedere tua cugina.	

4

□ Ascoltami un momento, qui è descritto come si fa a piantare il basilico.

■ Oh, molto interessante, è da tempo che lo vogliamo fare. Allora dimmi!

□ Qui dice: «Acquistate un vaso per piante non troppo alto, però sufficientemente largo con un po' di terra. Comprate dei semi di basilico. Fatevi consigliare dal commerciante per trovare il tipo di basilico che corrisponde ai vostri gusti. Mettete i semi uno per uno a 2–3 mm circa nella terra umida. Annaffiate ogni due, tre giorni; state attenti però a non mettere troppa acqua. Dopo quattro, cinque giorni cominciano a germinare e dopo tre settimane circa potete raccogliere le prime foglie.»

■ Non sembra affatto complicato. Allora, facciamolo. Prendiamo uno dei vasi che abbiamo e ricordiamoci di comprare un po' di semi la prossima volta che andiamo al centro.

2

Cosa dobbiamo fare con gli asciugamani
questo vaso
la biancheria
le posate
questa cartolina
il libro di ...
le bottiglie
i pantaloni di ...
questo bicchiere
questa mela guasta
questi pomodori vecchi
?

Mettetelo/-la/-li/-le Ponetelo/-la/-li/-le	su ... in ... vicino a ...
Portatelo/-la/-li/-le	in ... da ...
Buttatelo/-la/-li/-le	via.

5

□ Ah, signora Tucci, che sorpresa! Si accomodi!
■ Spero di non disturbarla.
□ Non si preoccupi! Venga pure! Devo soltanto fare una telefonata, altrimenti lo studio del mio dentista chiude. Sono a sua disposizione fra un attimo.
■ Faccia con comodo! Non ho fretta. Posso sfogliare intanto il CORRIERE DELLA SERA?
□ Prego, lo prenda pure!

3

Senta, signora ...
signor ..., posso darle una mano
esserle utile
esserle d'aiuto
aiutarla
fare qualcosa per lei

Oh sì, grazie,

telefoni	a ...
domandi	
scriva	
provi	a chiudere il ...
cominci	a spostare queste scatole.
salga / vada / venga	da ...
sia gentile	e faccia ...
abbia pazienza	
rimanga	qui fino a ...
aspetti	
cerchi	di trovare il ...
esca	con ...
veda	se ...
guardi	
metta	il / la / i / le ... su / in ..
ponga / porti	
dia	qualcosa a ...
scelga	per ...

6

□ Ah, i signori sono già arrivati. Entrino pure! Si accomodino!
■ Grazie.
□ Mi dicano.
■ È molto gentile da parte sua riceverci a quest'ora. Guardi, siamo venuti per chiarire alcune cose che hanno reso il rapporto tra le nostre aziende molto difficile.
□ Allora, cerchiamo di chiarirle.

Der Imperativ (Befehlsform)

	-are		**-ere**	**-ire**
2. P. Sg.	aspetta!	warte!	scrivi!	apri!
3. P. Sg.	aspetti!*	warten Sie!	scriva!*	apra!*
1. P. Pl.	aspettiamo!	warten wir! (wir wollen warten!)	scriviamo!	apriamo!
2. P. Pl.	aspettate!	wartet! warten Sie! (Anrede Pl.)	scrivete!	aprite!
3. P. Pl.	aspettino!*	warten Sie! (formale Anrede Pl.)	scrivano!*	aprano!*

Die Befehlsform der 3. P. Sg. und Pl.* wird durch den Konjunktiv (Möglichkeitsform) Präsens ersetzt.
In den übrigen Personen entspricht der Imperativ den jeweiligen Verbformen des Präsens (Gegenwart). Nur bei den **-are**-Verben endet die Befehlsform 2. P. Sg. auf **-a** (scusa! entschuldige!).

Pronomen werden an die Befehlsform angehängt: aspettami! Beachten Sie die Verdoppelung von c, l, m: dimmi, fallo, vacci.
Beim Konjunktiv (3. P. Sg. u. Pl.) stehen sie stets vor dem Verb: Lo guardi! Non ci vada!

E domani che si farà?

7

□ Accidenti! Ho dimenticato di fare il vaglia.
■ Ma non te la prendere. Lo farai lunedì mattina prima di andare in ufficio.
□ Non sarà possibile, perché lunedì andrò in ufficio un'ora prima.
■ Come mai?
□ Arriveranno due clienti importanti da Milano e devo ancora preparare alcune cose.
■ Allora ci penserò io ad andare alla posta.

8

Che genitori!

4

Hai bisogno di me
qualcosa

Ti serve qualcosa
Ti occorre

Al momento no, grazie	se avrò bisogno di te del tuo aiuto se mi servirà qualcosa il tuo ... / la tua ... occorrerà serviranno i tuoi ... / le tue ... occorreranno	ti chiamerò. ti avvertirò. ti telefonerò. verrò da te. mi rivolgerò a te.

9

Brigitte Schmitz

6200 Wiesbaden, den 20.9.86
Galileistraße 15

Cara Elena,

ti do le ultime notizie in breve: Arriverò a Milano venerdì, il 16 ottobre. L'aereo da Francoforte atterrerà a Linate alle ore 10 e 30. Se non vi sarà possibile venirmi a prendere, cercherò di arrivare con il pullman o in tassì al centro. Andrò direttamente all'Hotel Centro. Avvertitemi però a che ora potrò trovarvi a casa nel pomeriggio o la sera del venerdì. Tenete presente che devo proseguire per Perugia domenica, il 18 ottobre, perché i corsi incominceranno lunedì mattina.

A presto Brigitte

10

□ Schmitz, ja bitte?

■ Brigitte, sono io Elena. Abbiamo ricevuto la tua lettera proprio oggi. Purtroppo non potremo venirti a prendere, perché quel venerdì saremo impegnati tutt' e due.

□ L'ho già immaginato. Non vi preoccupate! Farò da sola.

■ Perché non vieni all'una a casa nostra? Io ci sarò già verso mezzogiorno. Potremo pranzare insieme. Purtroppo Carlo non arriverà prima delle sette e mezza. Poi vedremo un po' che cosa fare la sera. Forse vorresti vedere qualche spettacolo?

□ Una buona idea. Lo decideremo quando sarò da voi. Allora verrò il 16 direttamente a casa vostra, verso l'una. D'accordo. Come faccio dall'Hotel Centro ad arrivare da voi?

■ Non è tanto difficile. Puoi anche arrivarci a piedi, è una bella passeggiata attraverso la zona pedonale. Dall'albergo andrai verso piazza Duomo, passando per piazza Cordusio e imboccherai Corso Vittorio Emanuele fino a piazza San Babila. Lì puoi chiedere della nostra strada, che è molto vicino. Chiaro?

□ Tutto chiaro. Grazie. Allora a venerdì fra una settimana.

■ Ciao, a presto.

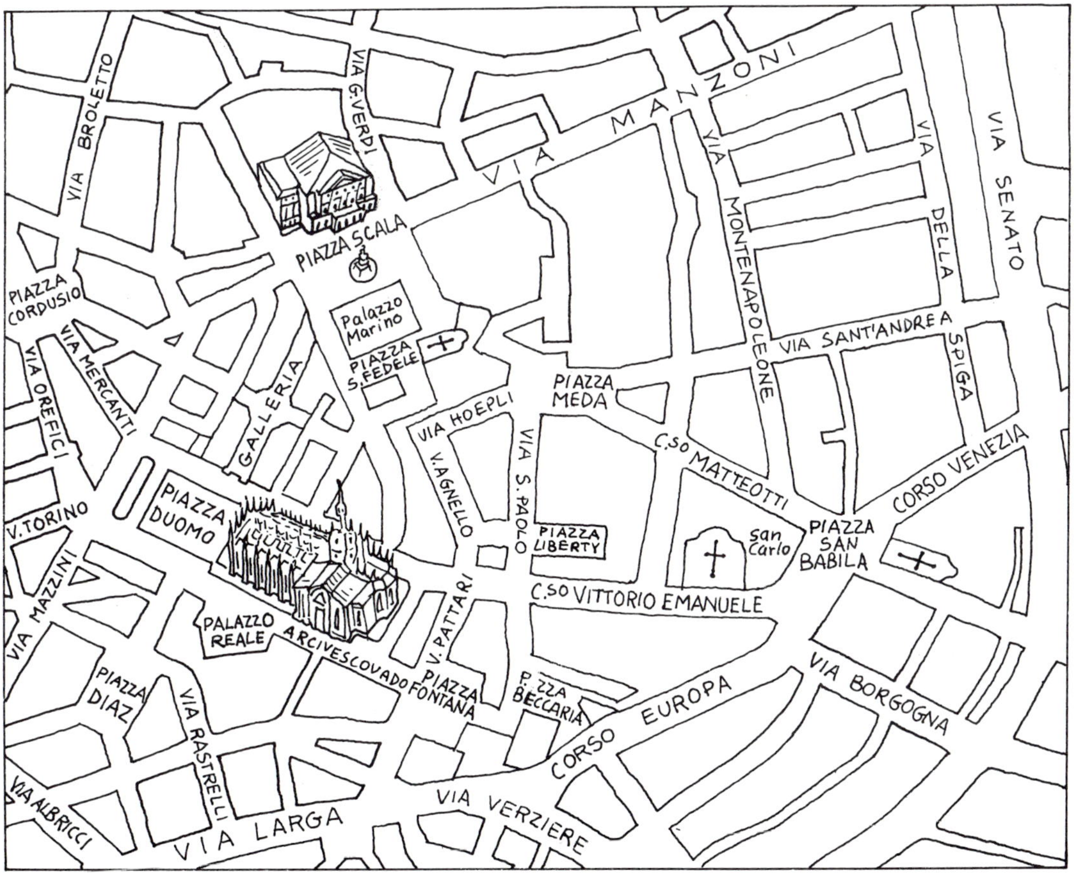

5

Che cosa faremo,	quando sarai	da noi
	sarete	di ritorno
		tornato/-a/-i/-e
Dove ti / vi porteremo	quel giorno	
	quella domenica	
	quel pomeriggio	
	il giorno del tuo compleanno	
	della vostra festa	
Dove andremo	in quella settimana	
	in quei giorni di ferie	
	nel mese di aprile	
	venerdì prossimo	

Andremo	al cinema,	o no?
	al teatro,	
	al museo ...	
	alla mostra di ...	
	alla sagra di ...	
	allo spettacolo di ...	
	a mangiare nella trattoria *Da Marcello.*	
	a vedere il nuovo spettacolo di Dario Fo.	
	a sentire il concerto di Milva / Alice / Celentano.	
	a Parigi per un paio di giorni.	
	in Francia.	
	da Domenico.	
	dai Müller.	
Faremo	una grande festa.	
	una passeggiata in auto.	
	in barca.	
	con il / la / i / le ...	

Inviteremo il / la / i / le ...
Staremo a casa e ...
Lo decideremo più tardi.

11

Pippo e la Psichiatria
di WALT DISNEY
COMINCIA UN'ALTRA GIORNATA!
BEL TEMPO! POTREI FARE UNA PASSEG GIATA!
MA NO... TROPPO TRAFFICO! ME NE STARÒ SEDUTO SULLA VERANDA!
PIPPO, NON PUOI STARTENE SEDUTO COSÌ TUTTI I GIORNI!
PERCHÉ NO, IO SONO FELICE COSÌ!
TI PORTERÒ DA UNO PSICHIATRA! TI CONVINCERÀ AD INTRAPRENDE. RE UNA QUALSIASI PROFESSIONE!
M-MA... V-VERA. MENTE...
RICERCHE SCIENTIFICHE
LASCIATECI SOLI UN MOMENTINO!
DEVI COLLABO. RARE, PIPPO! CAMBIERAI COMPLETA. MENTE!
QUANTO TEMPO LO TRATTIENE!
ALLORA ...SIETE ARRIVATI AD UNA CONCLUSIONE?
CERTAMENTE!
MI HA CONVINTO!
FINE

12

□ Si può già rivestire. Tenga presente ciò che le ho detto: non fumi troppo e non beva alcool!

■ Nemmeno un po' di vino durante i pasti?

□ Un bicchiere di vino a pasto non le farà male. Però eviti bevande alcooliche come cognac, whisky, grappa. E non dimentichi che è importante fare un po' di movimento: una passeggiata ogni volta che le sarà possibile, una breve nuotata o qualunque altro tipo di sport che preferisce.

■ Ma dove troverò il tempo io per tutto questo?

□ Il tempo si trova se si vuole. Stia certo che in questo modo si sentirà meglio.

■ Cercherò di tener presente le sue indicazioni.

□ Bene, d'altra parte non ho riscontrato in lei niente di grave. È soltanto tensione da stress. Niente di preoccupante. Comunque, si faccia rivedere tra sei mesi circa.

13

Il decalogo di Matusalemme

Consiglio n. 7 - Riducete lo stress. Tra i fattori che favoriscono lo stress c'è il caffè (non più di due tazze al giorno).

Consiglio n. 2 - Fate sport e movimento. Fa bene a tutti e a tutto.

Consiglio n. 4 - La carenza di fibre nell'organismo dovuta alla moderna alimentazione è all'origine di molte malattie soprattutto digestive.

Consiglio n. 10 - Siate socievoli.

Consiglio n. 5 - Riducete al massimo il sale comune.

Consiglio n. 6 - Prendete vitamine soprattutto del tipo A e C,

Consiglio n. 1 - Perdete peso, ma in maniera lenta e graduale possibilmente sotto controllo medico.

Consiglio n. 9 - Attenti agli incidenti,

Consiglio n. 3 - Eliminate il più possibile i grassi di tutti i tipi, soprattutto quelli animali

Consiglio n. 8 - Non bevete, non fumate.

14

□ Tu sai quali sono i progetti dei tuoi genitori per le prossime ferie?
■ Sì, andranno per un paio di giorni da Giacomo, poi passeranno due settimane a Montegrotto.
□ Allora non verranno da noi quest'estate?
■ Credo di no. Forse andremo noi a trovarli in ottobre.

6

Secondo te, perché	il signor ...	non è venuto/-a
	la signorina / signora ...	
	i signori / i ...	non sono venuti/-e
	i tuoi amici / le tue amiche	
		non è ancora arrivato/-a
		non sono ancora arrivati/-e
		non partecipa a questa festa
		non partecipano a questa riunione

Probabilmente	sarà	malato/-a.	avrà	molto da fare.
	saranno	malati/-e.	avranno	molto lavoro.
		già partito/-a/-i/-e per ...		un altro impegno.
			non avrà	trovato un baby-sitter.
	arriverà	più tardi.		
	arriveranno			
	verrà	entro un quarto d'ora.	dovrà	fare lo straordinario.
	verranno		dovranno	
				aiutare sua madre / la loro madre a ... in ...

Futur:

-are	-ere	-ire
aspett-**er-ò**	scriv-**er-ò**	usc-**ir-ò**
aspett-**er-ai**	scriv-**er-ai**	usc-**ir-ai**
aspett-**er-à**	scriv-**er-à**	usc-**ir-à**
aspett-**er-emo**	scriv-**er-emo**	usc-**ir-emo**
aspett-**er-ete**	scriv-**er-ete**	usc-**ir-ete**
aspett-**er-anno**	scriv-**er-anno**	usc-**ir-anno**

Beachten Sie das eingeschobene -h- und den Wegfall des -i- bei einigen Verben: cercherò, pagherò, mangerò.

Einige (meist unregelmäßige) Verben haben im Futur eine zusammengezogene Form: **avrò** (avere), **andrò** (andare), **darò** (dare), **dovrò** (dovere), **potrò** (potere), **saprò** (sapere), **vedrò** (vedere), **verrò** (venire); essere: **sarò, sarai** etc.

Sarà sempre così?

15

INCHIESTA — Panorama

VIAGGIO NELLA GIUNGLA DELLA BUROCRAZIA ROMANA

Quanto pesa l'elefante

di Chiara Beria e Filippo Ceccarelli. Foto di Alberto Roveri e di Mauro Vallinotto

Code agli sportelli, decenni di attesa per una pensione, affannosa caccia a un inutile timbro. Eppure, per »funzionare«, la pubblica amministrazione assorbe ormai il 55 per cento del nostro reddito. Una approfondita indagine di ben 14 mila pagine spiega molti perché.

Il pellegrinaggio estenuante di un agricoltore italiano dopo che una grandinata ha distrutto le sue coltivazioni. Per ottenere un prestito dallo Stato (legge 364 del maggio '70) la sua pratica dovrà superare dieci uffici diversi e il decreto di pagamento non arriverà prima di 952 giorni.

La caccia al tesoro di un industriale che si è messo in testa di ottenere un contributo per ristrutturare o riconvertire la sua azienda (legge 675 del 1977). Tra istruttorie, delibere, e relazioni tecniche otterrà il denaro solo dopo un anno.

Le file agli sportelli, le attese di decenni per una pensione di guerra, l'affannosa odissea alla ricerca di un magico timbro. Centinaia di migliaia di cittadini, ogni giorno, hanno a che fare con una pubblica amministrazione che è arrivata al massimo livello di degrado. In tutti, tra rabbia ed esasperazione, cova la paura di ottenere la risposta simbolo della burocrazia: «La pratica può attendere».

agrịcolo *a.* landwirtschaftlich, Land..., Agrar... **agricoltọre** *m.* **1** Bauer *m*, Ackerbauer *m.* **2** (*proprietario terriero*) Landwirt *m.* **agricoltụra** *f.* Landwirtschaft *f*; (*coltivazione della terra*) Ackerbau *m.*

grandinạre *v.* (**grạndina**) **I** *v.i. impers.* (*aus.* **essere/avere**) hageln. **II** *v.i.* (*aus.* **essere/avere**) **1** hageln, niederprasseln, herabfallen: *grandinavano sassi* es hagelte Steine. **2** ⟨*fig*⟩ hageln, niederprasseln: *grandinavano le punizioni* es hagelte Strafen. **grandinạta** *f.* **1** Hagelschlag *m*, Hagelfall *m.* **2** ⟨*fig*⟩ Hagel *m*; (*rif. a insulti e sim.*) Hagel *m*, Flut *f*, Schwall *m.* **grạndine** *f.* **1** Hagel

distruggere *v.t.* (**distrụssi, distrụtto**) **1** zerstören, vernichten: *la grandine ha distrutto il raccolto* der Hagel hat die Ernte vernichtet. **2** (*sterminare*) vernichten: *l'esercito nemico fu completamente distrutto* das feindliche Heer wurde gänzlich vernichtet; (*rif. a insetti, erbacce e sim.*) vertilgen, ausrotten. **3** (*rovinare*) zugrunde richten, vernichten. **4** ⟨*fig*⟩ (*rendere inutile*) zunichte

coltivaziọne *f.* **1** Bestellung *f*, Bebauung *f*; (*di prodotti agricoli*) Anbau *m*, Kultur *f*; (*di piante ornamentali*) Zucht *f*, Kultur *f.* **2** (*terreno coltivato*) Ackerland *n.* **3** (*piante*; gew. im Plural) Kultur *f*, Pflanzung *f.* **4** ⟨*Minier*⟩ Abbau *m.* ☐ ~ **abusiva** Raubbau *m*; ~ **alternata** Wechselwirtschaft *f*; ⟨*Minier*⟩ ~ *a* **cielo** *aperto* Tagebau *m*; ~ **estensiva** extensive Bewirtschaftung; ⟨*Minier*⟩ ~ *a* **gradini** Firstenbau *m*, Stufenbau *m*; ~ **intensiva** intensive Bewirtschaftung; ~ **mineraria** Erzgewinnung *f*; ⟨*Minier*⟩ ~ *in* **sottosuolo** Untertagebau *m.*

superạre *v.t.* (**sụpero**) **1** überragen, übersteigen, hinausragen über [*acc*]. **2** (*essere superiore quantitativamente*) überschreiten: ~ *un credito* einen Kredit überschreiten. **3** (*varcare*) überschreiten: ~ *il traguardo* das Ziel überschreiten; (*sormontare*) übersteigen: ~ *un muro* eine Mauer übersteigen. **4** (*sorpassare*) überholen: *il corridore ha superato il gruppo* der Rennfahrer hat das Rudel überholt. **5** ⟨*fig*⟩ (*oltrepassare*) übersteigen, überschreiten: *ha superato la quarantina* er hat die Vierzig überschritten. **6** ⟨*fig*⟩ (*essere più bravo*) übertreffen, überragen: ~ *qd. per astuzia* jdn. an Schlauheit übertreffen. **7** ⟨*fig*⟩ (*vincere*) überwinden, besiegen: ~ *un rivale* einen Nebenbuhler überwinden; (*affrontare vittoriosamente*) überwinden, überstehen: ~ *una difficoltà* eine Schwierigkeit überwinden. **8** ⟨*fig*⟩ (*passare*) bestehen, überstehen: ~ *un esame* eine Prüfung bestehen. ☐ ⟨*Sport*⟩ ~ *un limite* einen Rekord brechen.

pagamẹnto *m.* **1** Zahlung *f*, Bezahlung *f*: *effettuare un* ~ eine Zahlung leisten; (*rif. a paghe e sim.*) Auszahlung *f.* **2** (*versamento*) Einzahlung *f*, Bezahlung *f.* **3** (*somma*) Betrag *m*, Summe *f.* ☐ **accettare** *in* ~ als Zahlung annehmen; ~ *in* **acconto** Anzahlung *f*; ~ **anticipato** Vorauszahlung *f*; ~ **arretrato** rückständige (*o* überfällige) Zahlung; ~ *a mezzo* **assegno** Scheckzahlung *f*; ~ *contro assegno* Zahlung *f* gegen Nachnahme; ~ *a pronta* **cassa** Barzahlung *f*; **condizioni** *di* ~ Zahlungsbedingungen *pl*; ~ *alla* **consegna** Zahlung *f* bei Ablieferung; ~ *a* **contanti** Barzahlung *f*; **dare** *in* ~ in Zahlung geben, an Zahlungs Statt geben; ~ *dei* **dividendi** Dividendenzahlung *f*; ~ **forfettario** Pauschalzahlung *f*; *-i* **internazionali** internationaler Zahlungsverkehr; *per* **mancato** ~ wegen Nichtzahlung, mangels Zahlung; ~ *in* **natura** Naturalausgleich *m*; ~ **parziale** Teilzahlung *f*; ~ **posticipato** Nachzahlung *f*; ~ **rateale** (*o a rate*) Ratenzahlung *f*; ~ *a* **saldo** Abschlußzahlung *f*; ~ *alla* **scadenza** Zahlung *f* bei Fälligkeit.

industriạle **I** *a.* industriell, Industrie...: *rivoluzione* ~ industrielle Revolution; (*riguardante l'attività industrializzata*) gewerblich, Gewerbe...: *scuola* ~ Gewerbeschule *f.* **II** *s.m.* Industrielle *m*: *grande* ~ Großindustrielle *m.* **industrialịsmo** *m.* ⟨*Econ*⟩ Industrialismus *m.* **industrializzạre** *v.t.* industrialisieren. **industrializzạto** *a.* **1** industrialisiert, Industrie...: *paese altamente* ~ hochentwickeltes Industrieland. **2** (*che ha adottato i metodi dell'industria*) industrialisiert. **industrializzaziọne** *f.* Industrialisierung *f.*

ottenẹre *v.t.* (**ottẹngo, ottiẹni; ottẹnni, ottenụto;** → **tenere**) **1** (*conseguire*) erreichen, erzielen, erlangen. **2** (*ricevere*) erhalten, bekommen: *non ho ottenuto risposta* ich habe keine Antwort bekommen; (*avere*) haben, erringen: *la commedia ottenne un gran successo* das Stück hatte großen Erfolg. **3** (*procurare*) verschaffen, erwirken. **4** (*ricavare*) erhalten; (*produrre*) gewinnen. ☐ ~ *in prestito* leihweise erhalten, geliehen bekommen; ~ *in sposa* (*o moglie*) zur Frau bekommen.

denạro *m.* **1** Geld *n*: *non ho i -i per comprare libri* ich habe kein Geld, um Bücher zu kaufen. **2** *pl.* (*nelle carte da gioco*) Schelle *pl.* **3** ⟨*Tess*⟩ Denier *n.* ☐ ~ **contante** Bargeld *n*; **far** ~ (*o denari*) Geld machen, viel Geld verdienen; ~ **liquido** flüssiges Geld, Liquidität *f*; **mancanza** *di* ~ Geldmangel *m*; **movimento** *di* ~ Geldumsatz *m*, Geldverkehr *m*; ⟨*fig*⟩ *aver -i a* **palate** Geld wie Heu haben; *guadagnare -i a palate* scheffelweise Geld verdienen, Geld scheffeln; ~ **pubblico** Staatsgelder *pl*; ~ **spicciolo** Kleingeld *n. Prov.*: *il ~ è una chiave che apre tutte le porte* Geld öffnet alle Türen; ~ *guadagnato facilmente, facilmente si spende* wie gewonnen, so zerronnen; *il ~ è fatto per essere speso* das Geld muß rollen.

covạre *v.* (**cọvo**) **I** *v.t.* **1** ausbrüten: ~ *le uova* Eier ausbrüten. **2** ⟨*fig*⟩ (*alimentare segretamente*) hegen, nähren, brüten: ~ *l'odio* Haß nähren. **3** ⟨*fig*⟩ (*custodire gelosamente*) hegen. **II** *v.i.* (*aus.* **avere**) **1** brüten. **2** ⟨*fig*⟩ brüten, nisten: *l'invidia covava nel suo animo* der Neid nistete in seinem Herzen. ☐ ⟨*fig*⟩ ~ *la* **cenere** hinter dem Ofen hocken; *il fuoco cova sotto la cenere* das Feuer glimmt (*o* schwelt) unter der Asche; ⟨*fig*⟩ *l'odio covava sotto la cenere* der Haß schwelte; ~ *un'***idea** einen Gedanken hegen; ⟨*fig*⟩ ~ *le* **lenzuola** sich im Bette rekeln, lange in den Federn liegen; ~ *una* **malattia** eine Krankheit mit sich herumtragen; ~ *con gli* **occhi** *qd.* jdn. liebevoll ansehen; ~ *la* **vendetta** auf Rache sinnen.

paụra *f.* **1** Furcht *f*, Angst *f*: *incutere ~ a qd.* jdm. Furcht einjagen; (*ansia*) Angst *f*, Bange *f.* **2** (*preoccupazione*) Furcht *f*, Befürchtung *f.* ☐ **aver** ~ *che* fürchten, daß; *aver ~ di qd.* vor jdm. Angst haben, sich vor jdm. fürchten; *non aver ~!* (nur) keine Angst!; ⟨*fam*⟩ (*stai sicuro*) darauf kannst du dich verlassen!; *una ~ del* **diavolo** eine Heidenangst; **far** (*o mettere*) ~ *a qd.* jdm. Angst einjagen, jdm. bange machen; (*spaventare*) jdn. erschrecken; *da far* ~ erschreckend; *brutto da far* ~ zum Erschrecken häßlich; ~ **matta** höllische Angst; *che* **mette** ~ furchterregend; **niente** *~!* (nur) keine Angst!; *la ~ fa* **novanta** Angst macht Beine; *essere* **preso** *dalla* ~ es mit der Angst zu tun bekommen.

sịmbolo *m.* **1** Symbol *n*, Sinnbild *n*: *la colomba è il ~ della pace* die Taube ist das Sinnbild des Friedens. **2** (*segno*) Symbol *n*, Zeichen *n*: *-i chimici* chemische Symbole. **3** ⟨*Rel*⟩ Symbol *n*, Glaubensbekenntnis *n.* ☐ ⟨*Rel*⟩ ~ *apostolico* Apostolisches Glaubensbekenntnis; ~ *cartografico* Kartenzeichen *n*; ~ *matematico* mathematisches Zeichen.

prạtica *f.* **1** Praxis *f*, Praktik *f*: *certe cose si imparano solo con la* ~ gewisse Dinge lernt man nur in der Praxis. **2** (*esperienza*) Erfahrung *f*; (*esercizio*) Übung *f*; (*familiarità*) Vertrautheit *f.* **3** (*abilità*) Fertigkeit *f*, Geschicklichkeit *f.* **4** (*usanza*) Gewohnheit *f*, Brauch *m.* **5** (*attività, operazione*) Handhabung *f*, Praktik *f*, Verfahren *n.* **6** (*tirocinio*) Lehre *f.* **7** ⟨*burocr*⟩ (*atto*) Akte *f*, Dokument *n*: *le pratiche per il matrimonio* die Dokumente für die Eheschließung; (*affare*) Angelegenheit *f*, Sache *f*; (*incartamento*) Akten *pl*, Dossier *m/n*, Dokumente *pl.* **8** ⟨*Filos*⟩ Praxis *f.* ☐ **aver** ~ *con qd.* Beziehungen zu jdm. haben; *aver ~ di un luogo* einen Ort gut kennen; *aver ~ di qc.* in etw. [*dat*] bewandert sein, mit etw. [*dat*] vertraut sein; *non aver ~ di qc.* keine Übung in etw. [*dat*] haben; **essere** ~ üblich sein, Brauch sein; **fare** ~ sich ausbilden; *fare ~ d'ospedale* eine praktische Ausbildung im Krankenhaus erhalten; ~ **giudiziaria** Gerichtspraxis *f*; **in** ~ in der Praxis; (*in realtà*) in Wirklichkeit; **mettere** *qc. in* ~ etw. in die Praxis (*o* Tat) umsetzen; **per** ~ aus Erfahrung; **perdere** *la* ~ aus der Übung kommen; **prendere** ~ sich einüben; *è* **questione** *di* ~ das ist Übungssache; *pratiche* **religiose** Andachtsübungen *pl*; *pratiche d'***ufficio** Dienstakten *pl. Prov.*: *val più la ~ della grammatica* Erfahrung ist besser als Wissen, Probieren geht über Studieren.

attẹndere *v.* (**attẹndo; attẹsi, attẹso**) **I** *v.t.* warten auf [*acc*], erwarten: *non so che cosa mi attenda* ich weiß nicht, was mich erwartet. **II** *v.i.* (*aus.* **avere**) **1** (*dedicarsi*) sich widmen (*a* [*dat*]), sich befleißigen [*gen*], nachgehen [*dat*]. **2** (*aspettare*) warten. **3** (*sorvegliare*) betreuen (*a* [*acc*]), achtgeben (auf [*acc*]): ~ *a un bambino* auf ein Kind achtgeben; (*curarsi di*) besorgen. **attendersi** *v.r.* erwarten: *non mi attendo nulla da lui* ich erwarte nichts von ihm. ☐ ⟨*comm*⟩ *attendiamo Vostra conferma* wir sehen Ihrer Bestätigung entgegen; ~ *alle faccende domestiche* die häuslichen Arbeiten verrichten.

16

SE CI SEI, BATTI UN COLPO!

L'impiegato statale è presente sul luogo di lavoro in media per 65,4 per cento del suo orario di lavoro. Il tasso di assenteismo medio (tra assenze, ritardi, permessi e affari personali) è del 34,6 per cento. In alcuni casi, come per la Pubblica Istruzione e la Marina Mercantile il tasso arriva, rispettivamente, al 41,55 e al 42,21 per cento.

Ministeri	Assenteismo (in percentuale sul totale del tempo di lavoro)
Marina Mercantile	42,21
Pubblica Istruzione	41,55
Grazia e Giustizia	39,16
Bilancio	38,80
Turismo	38,12
Lavori Pubblici	37,64
Beni Culturali	37,47
Industria	36,23
Interni	35,26
Agricoltura	34,58
Commercio Estero	34,20
Affari Esteri	33,81
Trasporti	33,49
Lavoro	31,08
Partecipazioni Statali	22,56
Sanità	21,90

Una canzone di Dario Fo

Fratelli d'ufficio alziamo la testa,
del genio dei bolli cantiamo le gesta,
alziam gli sportelli, laudiamo il Signore
che per nostro amore qui tutto creò:
i timbri rotondi, la carta bollata,
la marca da dieci, la carta intestata,
l'usciere di porta, i portapennini,
la penna, i cestini per i caposezion!

Lo farò io, lo prometto

17

□ Ti ricordi che mi hai promesso di portare il tuo giradischi per stasera? Gli amici vorranno ballare.
■ Sta' tranquilla, ci penserò.

18

□ Perché sei così arrabbiato, Alessandro?
■ Con Silvia è sempre la stessa cosa. Fa grandi promesse, ma non le mantiene. Non puoi contare su di lei.
□ Che cosa ti ha promesso?
■ Di essere qui alle due per aiutarmi con questa traduzione. Temo di non fare in tempo. Mi sono impegnato di consegnarla entro questa sera.
□ Non ti ha avvertito?
■ No, per niente.
□ Avrà dimenticato l'appuntamento.
■ Ma come si fa a dimenticare una cosa così importante. Devo ricordarle ogni cosa.

Beachten Sie:

sich erinnern an	ricordarsi di	Ti ricorderai di prenotare i biglietti? Mi ricorderò delle tue parole.
	ricordare il / la	Ricordo bene il nostro ultimo incontro.
jdn. an etwas erinnern	ricordare qualcosa a qualcuno	Gli hai ricordato l'arrivo degli ospiti?
	ricordare a qualcuno di ... / che ...	Ricorda a Silvia di passare prima da me / che deve passare prima da me.

19

□ Come faccio a trovare un medico? Io qui non conosco nessuno.
■ Non si preoccupi, signora, ci impegneremo noi a trovarle uno specialista.

7

Come faccio / farò	a trovare	un buon avvocato qui		?
		un appartamento		
		il modulo adatto		
		l'ufficio competente		
		un tassì	a quest'ora	
	ad arrivare	a Milano	in tempo	
		alla stazione		
		alla fermata		

Ci penso / penserò	io.
Ci pensiamo / penseremo	noi.
Conta su di	me.
Conti	noi.
Puoi contare su di	me.
Può	noi.
Mi impegno / impegnerò	io a...
Ci impegniamo / impegneremo	noi.
Ti prometto	di pensarci.
Le promettiamo	

20

□ Tu verrai in macchina con me sabato prossimo?
■ No, grazie, preferisco andare in treno.
□ E perché?
■ Tu vai troppo veloce, fai troppi sorpassi, non rispetti i semafori. Non mi sento sicura in macchina con te.
□ Va bene, andremo piano, ti assicuro.
■ Allora a sabato, davanti a casa tua alle 8 e mezzo.

Adverbien

werden oft umschrieben:

In che modo? Wie? / Auf welche Weise?

giustamente	in modo giusto	richtig
stranamente	in modo strano	sonderbar, seltsam
comodamente	con comodo	bequem, in Ruhe
elegantemente	con eleganza	elegant
sinceramente	con sincerità	aufrichtig
brevemente	in breve	kurz, in Kürze
fortunatamente	per fortuna	glücklicherweise, zum Glück

In einigen Ausdrücken wird das Adjektiv anstelle eines Adverbs verwendet:

piano	andare piano	langsam fahren
	parlare piano	leise sprechen
forte	parlare forte	laut sprechen
veloce	andare veloce (auch velocemente)	schnell fahren

Che cosa bisogna fare?

21

UNITÀ SANITARIA LOCALE

GUIDA PER L'ASSISTENZA SANITARIA ALL'ESTERO

QUANDO SI VA ALL'ESTERO PER TURISMO.

NEI PAESI DELLA CEE

Per i cittadini italiani che si recano in Stati della Comunità Economica Europea (Belgio, Danimarca, Germania Federale, Gran Bretagna, Grecia, Irlanda, Lussemburgo, Francia, Olanda) è possibile beneficiare dell'assistenza sanitaria in regime diretto.

COME OTTENERE LE PRESTAZIONI:

Bisogna recarsi all'Ufficio competente della U.S.L. muniti del documento originale di iscrizione al S.S.N. e chiedere il formulario C.E.E. E111.

ATTENZIONE:

È necessario richiedere il modello E111 prima di partire perchè, altrimenti, si possono trovare difficoltà ad ottenere le prestazioni. Bisogna leggere bene le istruzioni sul retro del formulario in cui è indicata, tra l'altro, l'istituzione alla quale il formulario stesso deve essere presentato.

PIÙ CAMMINI...

Vai, corri, cammina, su per le scale, giù per le scale, siediti, alzati, chinati, vai, corri ancora, su... su... che la giornata non è ancora finita... e alla sera, se non stramazzi su un divano buttando all'aria le scarpe e pensi invece che hai ancora voglia di ballare, vuol dire che tu indossi le calze Daul San... e fai bene!

Con Dual San, infatti, hai praticamente un massaggiatore personale che, ad ogni tuo passo, massaggia e tonifica le tue gambe.

Dunque, se sei una donna attiva e moderna, non puoi ignorare le calze Dual San: nei negozi specializzati o nella prima farmacia sotto casa tua, le calze Dual San ti aspettano. Entra e fa un regalo alle tue gambe: calze Dual San. Le tue gambe ti diranno grazie.

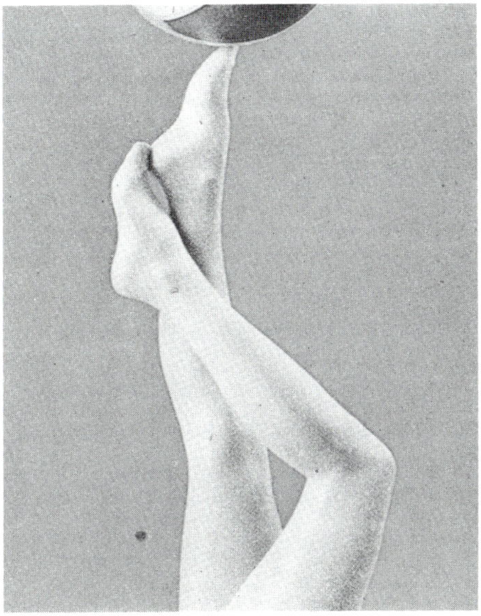

23

Ed ora divertitevi!

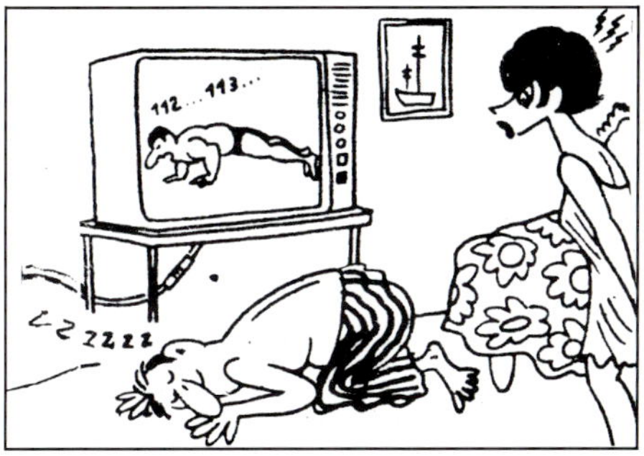

– Sciocchezze, giovanotto! Il buon cognac non ha mai fatto male a nessuno!

– Il medico mi ha consigliato di fare un po' di sport all'aperto...

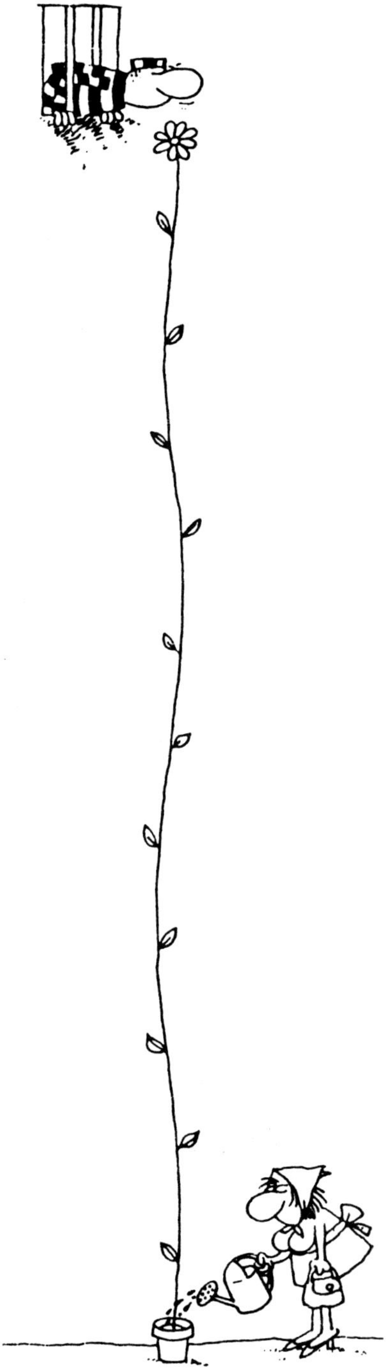

Sconsigliare e vietare 2

1

Prof. Carlo Mattei

Roma, il 13 maggio 1985
Via Ottaviano, 17

Cari De Luca,

dalla vostra lettera apprendiamo con piacere che avete deciso di trascorrere alcuni giorni di ferie a Milano. Per me e per Giulia sarà una grande gioia di rivedervi dopo tanto tempo e di mostrare a voi e a vostra figlia la nostra città. Ci dispiace che non potrete incontrare i nostri figli. Giuliano sarà impegnato in un corso di tedesco a Heidelberg, Raffaele sta facendo il servizio militare in Sicilia.

Ci avete informati che avete prenotato due stanze all'albergo della Torre Argentina nel Corso Vittorio Emanuele. Ve lo sconsigliamo, perché davanti all'hotel da mesi ci sono dei lavori in corso. Ci permettiamo di darvi un consiglio, provate all'Hotel Principe di Piemonte. È un albergo che si trova in una strada non trafficata e non costa troppo caro. Appena saprete il giorno preciso del vostro arrivo, fatecelo sapere.

Con i più fervidi saluti

C. Mattei

2

□ Oggi è arrivata la lettera dai Mattei. Sembra che dobbiamo disdire l'albergo.
■ Perché? Non saranno a Roma?
□ No, no, ci saranno. Ce lo sconsigliano, l'albergo, perché nella strada ci sono lavori in corso. Ora bisognerebbe telefonare al *Torre Argentina,* se hanno due stanze interne.
■ Non sarà facile.
□ Può darsi anche che i lavori saranno già finiti quando arriveremo noi.
■ Dobbiamo informarcene.
□ Allora telefona.

1

Dammi un consiglio. Che cosa mi consigli? Dimmi cosa ne pensi.	Vado a ... Scrivo a ... Telefono a ... Rispondo a ... Prenoto ... Disdico ...	Te lo sconsiglio perché ...	Informati però prima. Pensaci però prima.

3

□ Questa notte ho fatto un brutto sogno.
■ Che cosa hai sognato? Su, raccontamelo.
□ Mi sono trovata in una città completamente deserta. Ad un tratto ho sentito una voce che mi ha detto: guardati da lui. Me l'ha ripetuto più di una volta. Non ho capito a chi devo stare attenta. Gliel'ho chiesto, ma non ha voluto dirmelo. E quella voce che mi avverte di nuovo: stai attenta a lui! Poi, mi sono trovata davanti a un palazzo tutto illuminato, ho aperto il portone ...
■ Su, continua.
□ A questo punto mi sono svegliata.
■ Tu credi ai sogni?
□ Non ci credo tanto, ma bisogna ugualmente spiegarceli.

4

□ Come mai, signora Verni, non va al mare quest'anno?
■ Mi piacerebbe andare a Grado, ci sono già stata tante volte, ora però me l'hanno sconsigliato.
□ Chi gliel'ha sconsigliato?
■ Amici, conoscenti e anche il medico. Dicono che un soggiorno al mare non è più consigliabile oggi: il mare è inquinato, il troppo sole non fa bene e poi le spiagge sono molto affollate.
□ Non è così dappertutto, ci sono ancora molti posti lungo le nostre coste dove ci si trova bene. Non sono ancora diventati turistici. Alcuni nostri amici vanno spesso in una spiaggia nelle Puglie, molto bella e molto calma che potrebbe piacerle. Se vuole, potrei occuparmene.
■ Molto gentile, signora Bettazzi. Il posto sarà bello come dice lei, ma non è per me. Il medico mi ha sconsigliato decisamente la villeggiatura al mare. Secondo lui mi ci vuole un soggiorno ad un'altitudine di 500–800 metri.
□ Allora perché non va nel Tirolo? Noi siamo stati due anni fa a Naturns vicino a Merano con i bambini e ci siamo veramente riposati. Siamo rimasti proprio contenti. Dovrei averne alcuni depliant.
■ Sì, sì, forse il Tirolo è quello che ci vuole per me. Potrebbe darmeli? Verrei io a prenderli.
□ Non si scomodi, signora. Glieli mando io per posta.
■ Tante grazie.
□ Se vorrà chiedermi altre informazioni, sarò felice di dargliele.
■ Lei è molto gentile, signora Bettazzi.

Parco Naturale del Gargano

Ubicazione – Nella parte settentrionale della Puglia, sulle sponde del Mar Adriatico, al confine col Tavoliere e non lontano da Foggia.

Accesso – Dall'autostrada e strada adriatiche attraverso San Severo, Foggia e San Giovanni Rotondo; dall' autostrada Napoli-Canosa di Puglia attraverso Cerignola e Manfredonia.

5

□ C'è sciopero, signore, lei sta aspettando inutilmente il tram.
■ La ringrazio di avermelo detto.

2

Guardati da lui
Guardatevi da ... perché...

Attenzione	al palo / al cane.
	al gradino.
	alla porta.
	ai ladri.
	ai vetri.
	alle spine.
Sta' attento/-a	al traffico.
State attenti/-e	a non fare tardi.
	a non cadere.
	a non perdere ...

Non ti preoccupare. Starò attento/-a.
Non vi preoccupate. Staremo attenti/-e.
Grazie di avermelo detto.
Grazie di avercelo detto.

Pronomen (unbetont)

Non	**me lo**	permetterà.
	Te li	do subito.
	Gliela	portiamo entro oggi.
Potresti	dir**glielo**	tu?
	Se le	dovrebbe portare via.
	Ce ne	hanno parlato.
	Preparate**velo**	da voi.
	Se ne	ricordano.
Aber:	**Lo**	dirò **loro.** (Umgangssprache: Glielo dirò.)

Bei mehreren Pronomen wird mi, ti, si, ci, vi zu **me, te, se, ce, ve;** gli wird zu **glie,** das folgende Pronomen wird direkt angefügt: **glieli, gliene.**

Beachten Sie:
In Verbindung mit dem Pronominaladverb **ci** verändern sich die Pronomen nicht: **Mi ci** trovo bene. Non **mi ci** vedo bene.

6

Due minuti d'intervallo

Epistolario

7

□ Avete già un programma per il pomeriggio?

■ Vorremmo andare al centro per fare alcuni acquisti. Potreste indicarci un buon negozio di abbigliamento?

□ Che cosa volete comprare?

■ A Mario servono i pantaloni, io ho bisogno di un paio di calze e per Elsa dovremmo comprare un regalo. Ho pensato ad un foulard.

□ In via XX settembre, al centro, ci sono molti negozi. Attenti, alcuni hanno prezzi molto alti.

■ Non ci sono grandi magazzini da quelle parti?

□ Sì, ce ne sono due: uno è STANDA, l'altro è UPIM.

8

□ Fareste meglio ad andarvene ora, altrimenti dovete fermarvi per tutta la sera. Il prossimo bus, dopo quello delle 17 e mezza, parte alle 22 e 10.

■ Ce ne dobbiamo andare subito allora, non possiamo restare, ci dispiace. Ci risentiamo. Non si dimentichi di informarsi sui voli per la Germania.

□ Che giorno vorreste partire?

■ Possibilmente giovedì.

□ Non me ne dimenticherò. Ve lo comunicherò domani in mattinata.

■ Sarà troppo disturbo per lei?

□ Non si preoccupi.

■ Allora a domani.

3

Saprebbe	dirmi	dove si trova / posso trovare ...
Potrebbe	indicarmi	un buon ristorante
	mostrarmi	un paio di scarpe nere
	prestarmi	la sua guida
Vorrei	sapere	come / in che modo ...
Desidererei	informarmi	di ...

Sì, volentieri, vada a / da ...
si accomodi ...
tenga.
Le consiglio UPIM.
...
di rivolgersi a ...
Mi dispiace, non le so / posso dire niente. Non sono di qui.

9

□ Te ne vai già?

■ Sì, voglio passare un momento dai Lehmann per avvertirli che sull' autostrada tra Roma e Napoli c'è un' interruzione. Ho sentito alla radio che in seguito ad un incidente questa autostrada rimarrà chiusa per alcune ore.

□ Eventualmente potrebbero rimandare la partenza a domani. Salutameli.

Konditional

aspettare	**scrivere**	**uscire**
aspett-**er-ei**	scriv-**er-ei**	usc-**ir-ei**
aspett-**er-esti**	scriv-**er-esti**	usc-**ir-esti**
aspett-**er-ebbe**	scriv-**er-ebbe**	usc-**ir-ebbe**
aspett-**er-emmo**	scriv-**er-emmo**	usc-**ir-emmo**
aspett-**er-este**	scriv-**er-este**	usc-**ir-este**
aspett-**er-ebbero**	scriv-**er-ebbero**	usc-**ir-ebbero**

Deutsch: Ich würde warten, schreiben, ausgehen (wenn ich Zeit hätte).
Verkürzte Formen bei den gleichen unregelmäßigen Verben wie im Futur: avere: **avrei,** essere: **sarei** etc.

Se tu fossi al mio posto, che cosa faresti?

10

Susanna Agnelli
risponde ai lettori

Chi vuole proporre un argomento per questa rubrica scriva a: Susanna Agnelli - Risposte ai lettori - Redazione di «Oggi» - via Rizzoli 2 - 20132 Milano

Un lettore le ha scritto:
«Mi è capitata una cosa tanto incredibile da togliermi completamente qualunque capacità di reazione.
Dopo aver trascorso un fine settimana in campagna ospite di amici, mi sono accorto di avere dimenticato a casa loro un maglione, molto bello e quasi nuovo.
Poi, come spesso accade, per parecchi giorni non ho più pensato all'accaduto.
Segue un nuovo invito e chi ti trovo ad accogliermi sul cancello della villa? Il padrone di casa che indossa il mio maglione. Sono rimasto paralizzato dalla sorpresa.
Posso tentare un ‹recupero› oppure non avendo agito subito ho perso qualunque diritto su quel capo di abbigliamento? Lei, al mio posto, che cosa farebbe?»

Ricordiamo che la redazione si riserva il diritto di condensare o ridurre le lettere. È perciò indispensabile, per chi desidera vedere pubblicato integralmente il proprio scritto, inviare testi brevi. Si ricorda, inoltre, che non si danno risposte private.

11

- □ Se tu fossi al mio posto, glielo diresti?
- ■ Non lo so. Probabilmente non gliene parlerei. Non è colpa tua se il compito l'hanno affidato a te, e non a lui. Potrebbe essere molto dispiaciuto.
- □ E se lui lo viene a sapere da altri?
- ■ Chi potrebbe riferirglielo?
- □ Antonella, per esempio.
- ■ Allora faresti meglio a spiegarglielo tu.

4

Penso di parlare con ...	Se lei fosse al mio posto che cosa farebbe	?
uscire ...	Se lei fosse in me cosa farebbe	
bere ...	Che farebbe al mio posto	
rimanere ...		

Se io fossi al suo posto	non parlerei con ...	Andrei invece ...
Se io fossi in lei	non uscirei perché ...	Farei ...
Al suo posto	non berrei ...	Verrei ...
	non rimarrei perché ...	Vedrei ...
		Potrebbe (forse) telefonare a ...
		Farebbe meglio a disdire ...

12

□ La vedo tanto depressa in questi giorni, signorina Parenti, che cosa le è successo?

■ Una mia cugina ha avuto un incidente in Calabria, è stata ricoverata in ospedale a Reggio. Non ha ancora ripreso coscienza. I medici dicono che bisogna operarla.

□ Mi dispiace moltissimo. C'è andato qualcuno dei familiari?

■ I miei zii sono troppo vecchi per fare un viaggio così lungo.

□ Allora dovrebbe andare lei.

■ Non credo che sarà possibile. Sono tornata dalle ferie appena una settimana fa. Il capo non mi darà il permesso di assentarmi di nuovo.

□ Non è detto. Se fossi in lei, glielo chiederei. Gli racconti ciò che ha detto a me. Vedrà che glielo permetterà.

■ Ci proverò.

□ Speriamo bene per sua cugina.

13

□ Se vi trovaste nella nostra situazione, come ve ne uscireste?

■ Non è facile darvi un consiglio. Dovreste recarvi in un posto di polizia e raccontare tutto ciò che è successo.

□ E se lo facessimo, non avremmo da temere delle conseguenze? Non sospetterebbero noi?

■ Io credo di no. Giovanni, che ne pensi?

▲ Se mi trovassi io in questa situazione, cercherei altri testimoni.

■ Mi sembra una buona idea. C'è Michele che ha visto l'incidente. Potremmo convincerlo a testimoniare a nostro favore.

14

□ Potrebbe darmi un consiglio, signor Ricci? Mercoledì pomeriggio arriverà la ragazza «alla pari» dal Portogallo. Non sappiamo se parla l'italiano.
■ Allora sarebbe meglio se pregasse gli Agostini di passare da voi. Tutt'e due sanno bene il portoghese. Potrebbero fare da interprete.
□ Sì, è vero, gli Agostini sono stati tanto tempo a Lisbona. Non ho pensato a loro.
■ Visto che vedrò la signora Agostini in ufficio, potrei parlargliene domani.
□ Le sarò molto grata, signor Ricci, se potrà interessarsene.
■ Senz' altro, me ne interesserò.

Konjunktiv (Irrealis)

Se **avessi** tempo, **passerei** da te.
Konj. Irreal. Konditional
Wenn ich Zeit hätte, würde ich bei dir vorbeikommen.

aspettare	**scrivere**	**uscire**
aspett-**assi**	scriv-**essi**	usc-**issi**
aspett-**assi**	scriv-**essi**	usc-**issi**
aspett-**asse**	scriv-**esse**	usc-**isse**
aspett-**assimo**	scriv-**essimo**	usc-**issimo**
aspett-**aste**	scriv-**este**	usc-**iste**
aspett-**assero**	scriv-**essero**	usc-**issero**

unregelmäßig:

essere: **fossi**	dire: **dicessi**
dare: **dessi**	fare: **facessi**
stare: **stessi**	porre: **ponessi**
	tradurre: **traducessi**

Sempre questi divieti

15

Nel libro di Piero Angela *Da zero a tre anni* possiamo leggere il seguente consiglio:
Se il bambino desidera uscire sul balcone e la madre vuole impedirglielo, una frase come «Non uscire!» è l'equivalente di un ordine repressivo; una frase invece come «Non uscire, perché fa freddo e senza maglione ti prendi un raffreddore» è un modo per renderlo consapevole dei motivi del divieto.

16

17

Il frutto proibito

Il signore Dio al primo uomo: «Mangia pure di ogni albero del paradiso, ma dell' albero della scienza del bene e del male non ne mangiare, perché nel giorno in cui ne mangerai, tu morrai.»

La sacra Bibbia

Vietato l'ingresso ai non addetti ai lavori

– Certo che tutto è stato organizzato in modo da indurci in tentazione!

5

La avverto che qui	è vietato	fumare.
Ti	proibito	il passaggio.
Vi		il transito.
		l'ingresso.
	vietata	la sosta.
	proibita	l'uscita.
Qui	è vietato	passare.
In questa sala	proibito	fumare.
stanza	c'è divieto di	. . .

Grazie di avermi avvertito/-a. Non lo sapevo.
averci -i/-e. Non lo sapevamo.

18

□ Ho sentito che tu hai telefonato a Sandra e hai disdetto l'appuntamento per me. Ma come ti è venuto in mente?

■ Visto che tu rimandi sempre le cose, l'ho fatto io.

□ Come sarebbe a dire? La faccenda riguarda solo me. Non voglio che tu ti intrometta nelle mie cose.

■ Temo che tu non abbia capito bene. Io ho telefonato a Sandra per un altro motivo. Poi alla fine Sandra mi ha chiesto se io sapessi che cosa tu hai deciso per il vostro appuntamento. Allora le ho detto che tu non hai interesse di vedere quella mostra. Ho creduto di farti cosa gradita.

□ Avrei voluto spiegarglielo io stessa. Un' altra volta, per favore, non immischiarti nelle cose che non ti riguardano.

■ Figurati!

19

□ Ti vieto di uscire a quest' ora.

■ Non hai da vietarmi proprio nulla. Adesso me ne vado e non so quando tornerò.

□ Stai attenta, non voglio che tu faccia delle fesserie.

Konjunktiv Präsens

aspettare	**scrivere**	**uscire**
aspett-**i**	scriv-**a**	esc-**a**
aspett-**i**	scriv-**a**	esc-**a**
aspett-**i**	scriv-**a**	esc-**a**
aspett-**iamo**	scriv-**iamo**	usc-**iamo**
aspett-**iate**	scriv-**iate**	usc-**iate**
aspett-**ino**	scriv-**ano**	esc-**ano**

Non voglio che **tu** esca (im Singular Personalpronomen zum besseren Verständnis).

Beachten Sie:

Temo di arrivare tardi.	Ich fürchte, ich ... (Subjekt gleich)
Temo che arriviate tardi.	Ich fürchte, ihr ... (Subjekt verschieden)

È sconsigliabile...

20

□ Credi che valga la pena di fare la coda domani mattina per trovare un biglietto per l'Opera?

■ Temo anch' io che sia troppo tardi. Ho sentito da Alessandra che i biglietti sono esauriti fin da ieri.

21

□ Potremmo ancora fermarci un po'. Che ore sono?

■ Oh, sono già le sette. Temo che non arriviate più in tempo.

22

□ Vorremmo tanto andare a vedere quel film.

■ Sentite a me, non vale la pena che lo vediate. Il film è un grosso fumetto.

23

□ Ti andrebbe di fare una partita a bridge? Ho intenzione di organizzare un tavolo per domenica pomeriggio.

■ Peccato che tu me lo dica così tardi, ho già comprato il biglietto per l'incontro di calcio.

□ Veramente? Tu allo stadio? Oltre tutto non credo che sia il caso di andarsi a prendere un raffreddore con questo brutto tempo.

■ Ormai non posso più disdire.

24

□ Dopo molte discussioni ho promesso alla famiglia di comprare un Videorecorder.

■ Anche tu! Non mi sembra che sia intelligente prendere una cosa del genere. Vedrai che ora passerete tutta la giornata davanti al televisore.

6

Giancarlo mi ha fatto la proposta di ...	Che ne pensi
Il mio capo mi ha proposto di ...	Che ne dici

Non mi sembra	che sia una buona proposta	perché ...
Non credo	che tu possa ...	...
	faccia bene a ...	...
Non voglio	che tu abbia sorprese con ...	
	che tu provi una delusione con ...	
Temo	che ...	...

25

AD (Arbeitsplatz Deutschland), una pubblicazione del Ministero del Lavoro a Bonn, dà consigli ai lavoratori italiani nella Repubblica Federale di Germania:

‹AD› vuole darti un consiglio: quando tutti si divertono, non isolarti ma partecipa anche tu alla generale allegria. Forse il carnevale ti farà scoprire la Germania sotto un aspetto nuovo e forse migliore.
Un avvertimento però: non ci si deve lasciar indurre ad alzare troppo il gomito!
E buon divertimento!

Un tassista come gli altri…

– Buon giorno.
– Buon giorno, signora.
– Scusi, ma dove va così di corsa? Non mi chiede dove debbo andare?
– Signora, con tutte queste valigie credeva che la volessi portare all'opera?
– Ah sì, è giusto, comunque ho tempo a sufficienza, non è necessario correre così.
– Come? Le sembra che io corra? Ma se andiamo appena a 70 all'ora!
– Appena a 70, su queste strade del centro e con questo traffico. Mi scusi, vada più piano, perché così ho paura, non sono abituata a questa maniera di guidare e, per favore, si fermi ai semafori rossi!
– Va bene. Mi dispiace di averla spaventata, ora andremo più piano, ma io pensavo che fosse abituata al traffico di Roma? Lei non è romana?
– Sì, lo sono, tuttavia non credo che sia sensato passare col semaforo rosso.
– Vede, signora, il semaforo non è mica un muro, è un avvertimento, ti dice: sta' attento, guarda prima di passare, e io sto attento.
– Va bene, ognuno, ha le sue opinioni, anche sul semaforo, e io accetto anche la sua, tanto più che siamo arrivati…

…o no?

– L'errore è tutto mio, signorina: avrei dovuto attraversarlo con il rosso, l'incrocio!

– Mi raccomando: non sorpassi in curva, dia la precedenza a destra e si fermi agli stop!

3 Comunicare e capirsi

Quantte lingue sa?

1

□ Parla italiano?
■ Sì, ma solo un po'.

2

□ Nell' albergo *Prince George* a Londra che ci ha raccomandato si parla italiano?
■ So che nell' hotel *Prince George* si parla francese, ma non sono sicuro se conoscono anche l'italiano. Me ne informo subito; un attimo, per favore.

3

□ Dove ha imparato così bene l'italiano?
■ L'ho studiato per tre anni a scuola, poi l'ho approfondito in una scuola di lingue.
□ Complimenti. Lo sa perfettamente.
■ Dovrei migliorare un po' la pronuncia. Spero che durante questo soggiorno in Italia possa perfezionarla.
□ Dove va, a Firenze? Lì si pronuncia bene l'italiano.
■ Un po' ovunque. Può darsi che mi fermi anche a Firenze.

4

□ Non c'è nessuno qui che sappia lo spagnolo?
■ Per quello che so il signor De Roberto lo conosce bene. Vado a chiamarlo?

Beachten Sie:

Spero che tu **andrai.**
(Das Futur drückt eher eine Aufforderung aus)
Spero che tu **guarisca.**
(Der Konjunktiv hebt mehr den Wunsch hervor)
Bei gleichem Subjekt meist Infinitiv:
Spero di aver capito bene.

5

□ Come si dice «empfehlen» in italiano? Un momento ... ce l'ho sulla punta della lingua ... non mi viene ...

■ Raccomandare?

□ Ah sì, raccomandare. Come si scrive? Con una o con due ci?

■ Con la doppia ci.

1

Come si dice	*Haus*	in italiano
si traduce	*guarire*	in tedesco
		in inglese
Cosa vuol dire	*villa*	in italiano
Cosa significa	*molto fumo e poco arrosto*	

?

Qual'è il significato di ...

Conosce un'altra espressione per *arrivare in tempo*

Come si pronuncia questa parola?
Come si scrive questa parola? Con una o con due ...

Haus si dice *casa* in italiano.
... si traduce ...

Villa vuol dire *casa in campagna o al mare con giardino o con parco.*
Molto fumo e poco arrosto significa *molta apparenza e poca sostanza.*

Un'altra espressione è *arrivare puntualmente.*

La pronuncia corretta è ...
Si scrive con la doppia ...

2 MINUTI D'INTERVALLO
con Bosc

6

□ Ah, è lei la signora che si presenta per il posto da interprete?

■ Sì, ho letto l'inserzione sul giornale. Ho qui un curriculum vitae.

□ Come si chiama?

■ Eleonora Bertulli.

□ Ah sì, ora mi ricordo. Lei ha scritto che sa correntemente il francese e lo spagnolo. Conosce anche l'inglese?

■ So leggere l'inglese, ma non ho mai fatto l'interprete in lingua inglese.

□ Crede che potrebbe approfondirlo in poco tempo? Non è che abbiamo troppi clienti inglesi, ma ne capita ogni tanto uno.

■ Sì, potrei seguire un corso serale.

INIZIANO I CORSI DI
INGLESE
TEDESCO
FRANCESE
ITALIAN FOR FOREIGNERS

- CORSI SERALI CON GRUPPI DI 5 PERSONE
- CORSI INDIVIDUALI CON ORARI FLESSIBILI

INTENSIVE COURSES
LINGUAVIVA
MILANO
VIA C DE CRISTOFORIS, 15
TEL. **6596401**

7

8

□ Lei non è italiano, sebbene lo parli molto bene.

■ Sono svizzero. Vengo dal cantone dei Grigioni.

□ Quante lingue si parlano nella sua regione?

■ Tre. Il romancio, il tedesco e in alcune zone l'italiano.

□ Il romancio è un dialetto?

■ No, non si può dire. È una lingua neolatina che si parla anche nei contatti ufficiali. Ci sono scuole dove tutte le lezioni si svolgono in lingua romancia.

■ Quindi, lei fin da bambino ha imparato tre lingue.

□ No, sono bilingue. L'italiano l'ho studiato dopo, a scuola.

Beachten Sie:

In questo albergo	**si parla**	italiano.
In Svizzera	**si parlano**	quattro lingue.

Non tutti gli italiani parlano italiano

9

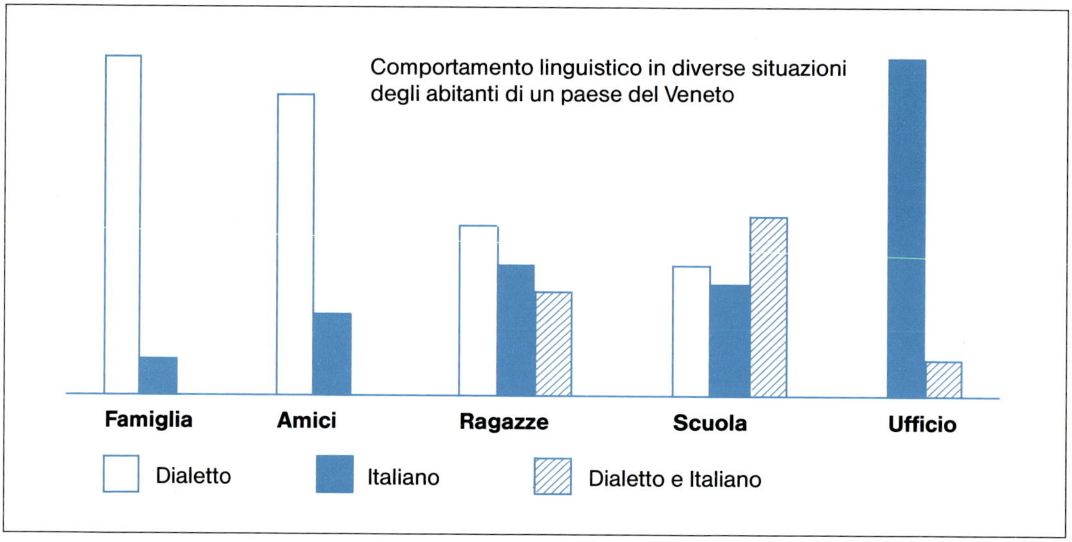

10

COME SI PARLA IN ITALIA

LA MULTILINGUA

di SANDRO MAGISTER

L'italiano, negli ultimi anni, si è trasformato in tanti italiani diversi quante sono le nostre regioni. Questo imponente fenomeno sarà discusso nei prossimi giorni in un convegno a Padova e Vicenza. Ne anticipiamo le novità

Ancora nel 1951 l'estensione della lingua nazionale era modesta, appena incipiente. Un sondaggio dell'epoca l'assegna al 18 per cento degli italiani.

Nel 1974 e poi nel 1982 la Doxa compie due sondaggi nazionali. E accerta che l'uso della lingua italiana prima avvicina, poi supera la soglia del 50 per cento della popolazione, non solo nel parlare pubblico ma anche nel discorrere dentro le mura domestiche.

Nel 1951 solo il 18% degli italiani parlava l'italiano e non il dialetto. E nel 1982?

11

Nel suo libro *La lingua e i dialetti* Tullio De Mauro, un famoso linguista, spiega:

> È molto importante che i cittadini dello stesso paese sappiano usare tutti la stessa lingua... Bisogna dunque cercare di ottenere che al più presto tutti siano in grado di usare l'italiano e lo usino abitualmente... Ma, per arrivare a questo giusto obiettivo, non è necessario disprezzare i vecchi dialetti e cercare di distruggerli. I dialetti sono come la campagna e la lingua è come la città: noi vogliamo avere tutti le condizioni di vita più moderna, più agiata che offrono le città; ma per ottenere questo non è affatto necessario distruggere il verde e la campagna. Tutt'altro! La campagna e il verde sono i «polmoni» delle città, danno alle città la loro indispensabile atmosfera. E non è necessario distruggere i dialetti.

12

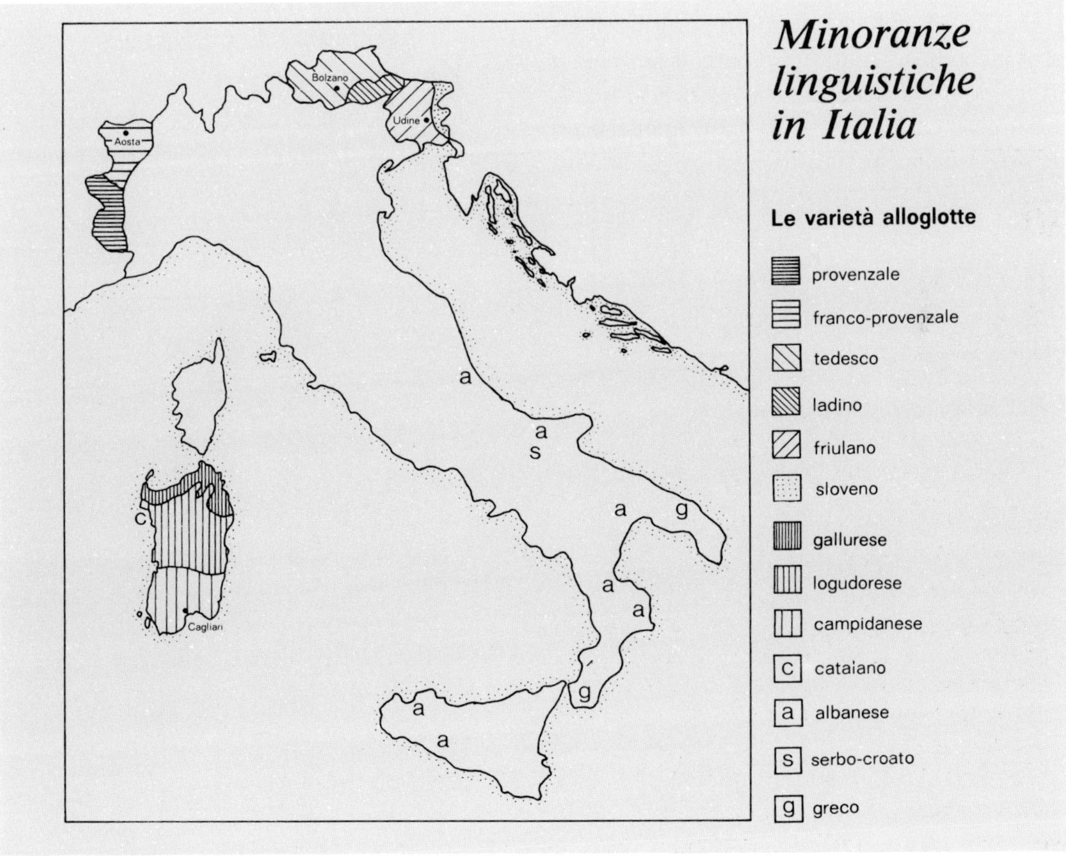

13

La Costituzione e le minoranze

Son due gli articoli della Costituzione italiana che garantiscono l'uguaglianza di tutti i cittadini, l'articolo 3 e l'articolo 6. Questa uguaglianza è fondamentale e infatti questi articoli sono tra i primi della nostra Costituzione.

In Italia ad alcune minoranze si riconosce già il diritto ad avere scuole nella propria lingua, centri culturali, biblioteche pubbliche, trasmissioni radiofoniche e televisive. Le minoranze più forti pubblicano libri e giornali, possono pretendere interpreti. In provincia di Bolzano per essere assunti negli uffici pubblici è necessario essere bilingui, conoscere cioè oltre all'italiano anche il tedesco. Ma molto, moltissimo, resta ancora da fare.

Articolo 3

Tutti i cittadini hanno pari dignità sociale e sono eguali davanti alla legge, senza distinzione di sesso, di razza, di lingua, di religione, di opinioni politiche, di condizioni personali e sociali. È compito della Repubblica rimuovere gli ostacoli di ordine economico e sociale, che, limitando di fatto la libertà e l'eguaglianza dei cittadini, impediscono il pieno sviluppo della persona umana e l'effettiva partecipazione di tutti i lavoratori all'organizzazione politica, economica e sociale del Paese.

Articolo 6

La Repubblica tutela con apposite norme le minoranze linguistiche.

2

Quante lingue si parlano in Italia / in Germania ...
Si parla il tedesco in questo negozio
C'è qualcuno qui che sa il francese
Non c'è nessuno qui che sappia il portoghese
Quante lingue conosce / conosci / sa / sai

In Italia si parlano molte lingue, l'italiano e ...
In Germania ...
Sì, si parla ... / No, ...
Sì, il signor ... / la signora ...
Conosco / so / parlo il ..., ma non correntemente.
ma soltanto un po'.
Capisco il ..., ma non so parlarlo.
So leggere il ..., ma non so scriverlo.

L'inizio di una poesia di Ignazio Buttitta, poeta siciliano, nella versione in italiano di Tullio De Mauro:

A un popolo mettete le catene, spogliatelo, tappategli la bocca, ed è ancora libero.
Levategli il lavoro, il passaporto, il letto dove dorme, la tavola dove mangia, ed è ancora ricco.
Un popolo diventa povero e servo, quando gli rubano la lingua ereditata dai padri, quando la perde per sempre.
Diventa povero e servo quando le parole non figliano parole e si mangiano tra loro.
Me ne accorgo ora, mentre accordo la chitarra del dialetto, che perde una corda al giorno.
. . .

14

Non ci si esprime soltanto con le parole

Questo segnale che per un americano, un italiano, un francese ecc. vuol dire o.k., cioè okay, che significa «tutto va bene», per un giapponese può indicare anche «denaro».

Tipici gesti napoletani
in una stampa antica (1832).

Eccone i significati:
1 silenzio
2 negazione
3 bellezza
4 fame
5 derisione
6 stanchezza
7 stupidità
8 stare in guardia
9 disonestà
10 astuzia

Modi di dire

15

- □ Tutto è così complicato. Non so che pesci prendere.
- ■ Perché non vai in una pescheria a prenderli?
- □ (scoppia a ridere) Ah, Elke, non hai capito.
- ■ Che cosa non ho capito? Spiegami un po'.
- □ «Non sapere che pesci prendere» è un modo di dire; vuol dire: non sapere come fare per risolvere un problema.

Nach den Konjunktionen **sebbene, prima che** und **senza che** steht der Konjunktiv:
Sebbene piova faccio una passeggiata.
Facciamolo **prima che** sia troppo tardi.
Lo faranno **senza che** tu lo sappia.

Bei gleichem Subjekt folgt der Infinitiv:
Avvertimi **prima di** arrivare.
Ho risposto **senza** riflettere.

16

- □ Cameriere, il conto per favore.
- ■ No, no, Giulio, non puoi pagare per tutti quanti. Facciamo alla romana.
- ▲ Che cosa significa?
- □ Vuol dire che ognuno paga per conto suo.
- ▲ Benissimo. Possiamo andare a mangiare insieme più spesso ora senza che nessuno si senta obbligato a pagare per tutti.

– Sì, lo abbiamo un libro sui gatti, ma è scritto da cani!

17

- □ Che cosa ti è successo? Hai avuto seccature in ufficio?
- ■ Lascia stare. Mi faccio il sangue cattivo solo a pensarci.
- □ Ma non prendertela. Tu lo sai come è fatta quella gente. Devi avere pazienza.
- ■ Pazienza, un corno ... Vorrei vedere te: ogni minuto metto alla prova la mia pazienza. Ne ho piene le tasche. Un giorno o l'altro sbatto la porta e li mando tutti a quel paese.
- □ Non è che non ti capisca, solo che se sbatti la porta a quel paese ci andrai tu. Ti licenzieranno. E qui verrà un altro e scapperà la pazienza anche a lui.

18

SEMPRE QUESTI EQUIVOCI

19

□ Potrebbe ripetere ciò che ha detto, per favore? Qui c'è un tale chiasso che non si sente.

■ Ho detto che durante la riunione si è parlato anche della sua proposta.

□ In che senso? E con quale risultato? Mi racconti i particolari.

■ Non sono stato presente durante tutta la riunione. So soltanto che all'inizio molti sono stati contrari al suo progetto. Dopo però una lunga discussione si è arrivati finalmente ad una conclusione. Il suo progetto ...

□ Pronto, pronto ... Non si sente più. Accidenti, è caduta la linea!

Si impersonale

Die Vergangenheit wird bei allen Verben mit **essere** gebildet:
Si **è** parlat**o** di lui.
(Abbiamo parlato di lui.)
Si **è** arrivat**i** da lui.
(Siamo arrivati da lui.)
Bei Verben, die die Vergangenheit normalerweise mit **essere** bilden, endet das Partizip Perfekt auf **-i**. Ebenso bei Adjektiven:
Non si fuma, quando si **è** malat**i**.
Bei reflexiven Verben wird das erste si in **ci** umgewandelt:
Ci si vede questa sera?

20

□ Ah, bella amica che sei! Tu conosci Giancarlo e non mi dici nulla? Ti fai raccontare tutto da me senza avvertirmi che vi incontrate spesso.

■ Non te la prendere, Carla. È vero, ci si vede di tanto in tanto. Ha frequentato qualche anno fa con me lo stesso corso all'università. Non è altro che un compagno di studi.

□ E lo dici ora?

■ Se mi ricordo bene, l'ultima volta che ci siamo incontrati è stato cinque mesi fa. Non ho pensato che fosse così importante per te sapere che lo conosco. Se lo avessi saputo, te lo avrei detto.

21

□ Pronto ...

■ Sono Gianni. Sei ancora a casa, Luisa?

□ E perché non dovrei essere a casa?

■ Ti sto aspettando da mezz'ora.

□ Non capisco. E come mai che mi aspetti?

■ Oggi si va alla conferenza al Centro Studi Forma, o no?

□ Temo che tu abbia capito male. Ho detto che l'argomento della conferenza mi interessa, solo che oggi non ho tempo.

■ Sì, però hai detto che avresti provato a disdire l'impegno.

□ Allora è stato un equivoco. Mi dispiace. Spero di non averti fatto perdere la conferenza.

■ No, no, se mi sbrigo faccio ancora in tempo.

□ Allora buon divertimento! Gianni, non l'ho fatto apposta.

■ Ciao. Devo proprio scappare.

3

Scusami, non sono potuto/-a venire prima perché ...
Mi scusi, signore, ma ...
Mi dispiace molto di ..., ma non l'ho fatto apposta.
Mi spiace di ..., non è stata colpa mia.
Mi scusi / Mi scuso per il disturbo.
Ne sono veramente desolato/-a / spiacente

Non è niente.
Non fa niente / nulla.
Non importa.
Non si preoccupi.
Di niente.
Nessun disturbo.
È stato un piacere.

Bisogna anche saper ascoltare...

22

...altrimenti gli equivoci continuano

23

□ Cos'è che vuoi dire, Francesco?
■ Voglio dire che non mi piace che tu non dia importanza ai miei consigli.
□ Come sarebbe a dire? Ho fatto proprio come hai detto tu.

24

□ Peccato, signor Simonelli, che non è potuto venire alla nostra festa.
■ Sarei venuto volentieri, se mi aveste invitato.
□ Come? Non ha ricevuto il nostro invito?
■ No, non ho ricevuto nessun invito, glielo assicuro.
□ Mi dispiace molto. Allora si è perso. L'ho imbucato io personalmente.
■ Non si preoccupi, sarà per un'altra volta.

Irreale Bedingungssätze (Vergangenheit)

Se **facesse**	bel tempo, **farei**	una passeggiata.
Se **avesse fatto**	bel tempo, **avrei fatto**	una passeggiata.

25

□ Quand'è che Sergio è arrivato?
■ Mi sembra che sia già tornato l'altro ieri.
□ E come mai?
■ I motivi non me li ha spiegati.

26

□ Pronto ...
■ Sono io, Nadia. Come va?
□ Bene, e tu?
■ Grazie, non c'è male. Ti chiamo perché mi servono i depliant del corso serale.
□ Non li hai ancora ricevuti? Te li ho già mandati due settimane fa.
■ Li hai mandati a casa o in ufficio?
□ Ora mi ricordo, li ho dati a Maurizio che mi ha promesso di consegnarteli.
■ Allora li avrà dimenticati. Appena lo vedo glieli chiederò.

27

□ La pratica del caso Ranieri me l'ha tirata fuori, signora Marchetti?
■ Sì, ma non l'ho ancora completata. Quando le serve?
□ Subito, perché il signor Ranieri arriverà da un momento all'altro.
■ Non sapevo che l'appuntamento fosse per oggi. Se mi avesse avvertito avrei potuto preparare i documenti in tempo.
□ Non si preoccupi, la pratica la completerà dopo.

Veränderlichkeit Partizip Perfekt

□ Come sta la signora Varaldi?
■ Non lo so, è da due mesi che non **l'**ho vist**a** più.

○ Dove hai comprato questi bei fiori?
● Me **li** ha regalat**i** Giorgio.

△ Quante riviste hai preso?
▲ **Ne** ho pres**e** due.

(Bei vorausgehenden Akkussativpronomen lo, la, li, le und bei ne richtet sich die Endung des Partizips nach dem direkten Objekt.)

Carlo e le sue **sorelle** sono arrivat**i** oggi. (Mehrere Subjekte, von denen eines männlich ist: Partizip endet auf **-i**.)

4

Perché non ha participato	a ...	?
non è venuto/-a	a ...	
	da ...	

Come mai non sei andato/-a a ...	?
non siete andati/-e da ...	

Se l'avessi saputo, avrei partecipato.
Ci sarei venuto/-a volentieri, se avessi avuto tempo.

Ci sarei andato/-a	se mia moglie non fosse stata malata.
	se non avessi dovuto fare lo straordinario.
Ci saremmo andati/-e	se l'avessimo saputo.
	se fosse stato buon tempo.

28

□ Buon giorno. Come sta?
■ Scusi, forse mi sta confondendo con qualcuno. Non la conosco.
□ Lei non è la signora Parodi?
■ No, mi dispiace.

29

□ Hai preso una bella botta alla macchina, tutta la fiancata di destra è ammaccata.
■ Ho avuto un incidente spaventoso. Fortuna che alle persone non è successo niente; le macchine però sono mal conciate.
□ Ma come è stato? Mi sembra che la colpa sia tua. Ti è venuto addosso da destra. Non hai dato la precedenza?
■ Non so proprio come sia successo. Mi sono fermato allo stop di via Clitumno angolo via Tagliamento. Ad un certo punto arriva una Porsche che mi fa segno con gli abbaglianti di passare e io passo. Un istante dopo sento un gran botto. La Porsche mi ha preso in pieno.
□ La Porsche però ti aveva fatto segno con gli abbaglianti?
■ Sì, è proprio questo che non capisco.
□ Ho capito io che cosa è successo. In Italia lampeggiare ha il significato contrario che in Germania, qui significa «fermo, passo prima io», in Germania invece significa «passa pure».
■ Bel pasticcio! Anche i fari parlano lingue diverse.

30

Leggere - leggere - leggere - leggere - leggere

31

Nove modi per insegnare ai ragazzi a odiare la lettura

1. presentare il libro come una alternativa alla tv
2. presentare il libro come una alternativa al fumetto
3. dire ai bambini di oggi che i bambini di una volta leggevano di più

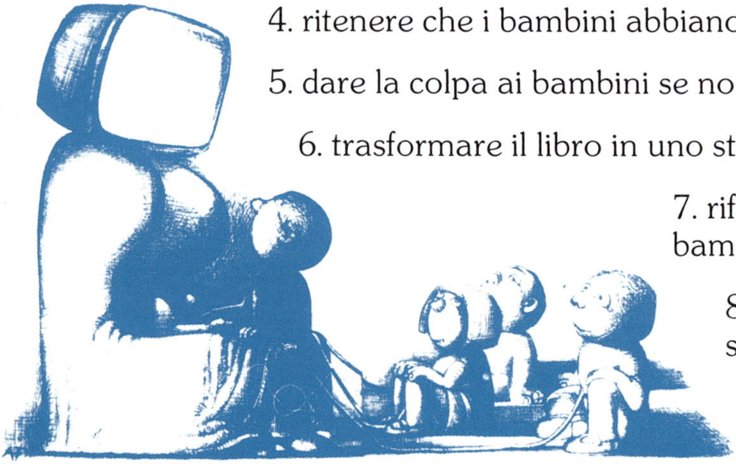

4. ritenere che i bambini abbiano troppe distrazioni
5. dare la colpa ai bambini se non amano la lettura
6. trasformare il libro in uno strumento di tortura
7. rifiutarsi di leggere al bambino
8. non offrire una scelta sufficiente
9. ordinare di leggere

Rodari, G.: *Il giornale dei genitori*

La stampa

32

□ Quali sono le principali riviste italiane?
■ Molto diffuse sono PANORAMA, L'ESPRESSO e L'EUROPEO.
□ Che tipo di riviste sono?
■ Si possono paragonare a DER SPIEGEL.
□ Esistono anche riviste più popolari?
■ Certo, OGGI e GENTE per esempio, oltre ad una serie di riviste femminili e di periodici specializzati sull'arredamento, sull'auto ecc.

Alcuni quotidiani italiani e le città dove vengono pubblicati

A Siena la Scuola di Lingua e Cultura Italiana per stranieri

Il linguaggio "gratioso"

A colloquio con il professor Barni

GRIFFE

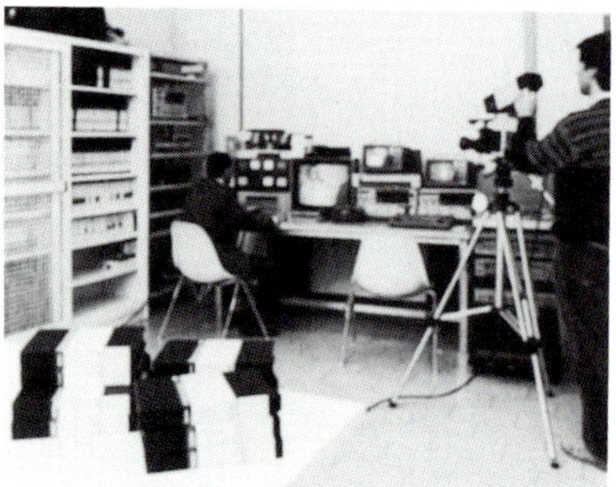

La scuola di Lingua e Cultura Italiana per Stranieri di Siena ha certamente origini molto antiche. Ne parliamo con il suo Presidente, il Prof. Mauro Barni, ex Rettore dell'Università ed ex Sindaco di Siena.

Nel 1588 il Granduca Ferdinando I istituì in Siena una cattedra di ''toscana favella'' proprio con l'intento di favorire gli studenti tedeschi che venivano in Toscana, ed in particolare a Siena, per conoscere il suo ''gratioso linguaggio''. Una vocazione antica dunque quella di offrire e ricevere esperienze culturali ed umane provenienti da altri paesi.

Raccontare fatti passati 4

C'era una volta ...

1

Il servizio postale nel Seicento

Un portalettere del Seicento, in una stampa dell' epoca.

Spedire e ricevere una lettera oggi è cosa abbastanza semplice e facile. Non così nel Seicento. Il servizio postale esisteva ma era irregolare e in genere assai lento. Le lettere e i pacchi venivano affidati in ogni città ad appositi corrieri, che partivano a determinati orari per le varie destinazioni. Ad esempio, da Milano il mercoledì notte partiva il corriere per Roma, il giovedì quello per Venezia, poi quello di Genova e così via. Ogni corriere sceglieva il sistema di viaggio che preferiva: c' era chi usava il cavallo proprio, chi prendeva la diligenza e c' era anche chi preferiva andare a piedi. Da Milano a Roma si impiegavano di solito quindici o venti giorni, ma il tempo poteva anche variare secondo le circostanze.

Montanari, L.: *Storia e civiltà dell'uomo*

2

□ Sa che la signora Isnardi è morta?
■ È morta la signora Isnardi? Quanto mi dispiace. Sarà un colpo duro per i suoi familiari. Era una persona tanto cara, si interessava di molte cose, cercava di aiutare i suoi nipoti come poteva. Non si lamentava mai. Non sapevo che soffrisse di qualche malattia.
□ È morta in un incidente davanti a casa sua.
■ Che disgrazia!

3 Un ragazzo ha scritto nel suo diario:

18, martedì

Anche il mio nuovo maestro mi piace, dopo questa mattina. Durante l'entrata, mentre egli era già seduto al suo posto, s'affacciava di tanto in tanto alla porta della classe qualcuno dei suoi scolari dell'anno scorso, per salutarlo; s'affacciavano, passando, e lo salutavano:
– Buon giorno, signor maestro,
– Buon giorno, signor Perboni;
alcuni entravano, gli toccavano la mano e scappavano. Si vedeva che gli volevano bene e che avrebbero voluto tornare con lui. Egli rispondeva:
– Buon giorno,
stringeva le mani che gli porgevano; ma non guardava nessuno; . . . e invece di rallegrarsi di quei saluti, pareva che ne soffrisse.

De Amicis, E.: *Cuore*

1

Che cosa	ha fatto hanno fatto	nel frattempo	?

Mentre	lei	lavorava leggeva telefonava . . .	lui	metteva ordine in casa faceva un po' di ginnastica scriveva una lettera urgente . . .
	lui	ascoltava la radio andava in giro rimaneva a casa . . .	loro	facevano una lunga passeggiata prendevano un po' di sole sciavano . . .

Quanti ricordi!

4

Susanna Agnelli ha scritto un libro di memorie personali e familiari intitolato *Vestivamo alla marinara* in cui descrive la sua infanzia:

Il corridoio era lungo, a destra e a sinistra si aprivano le camere da letto. A metà corridoio c'era la camera da gioco dove stavamo quasi sempre, piena di scaffali e di giocattoli. Noi eravamo tanti e avevamo molte governanti che non si amavano fra di loro; sedevano nella camera da gioco e si lamentavano del freddo, del riscaldamento, delle cameriere, del tempo, di noi. D'inverno le lampadine erano sempre accese; la luce di Torino che entrava dalle finestre era grigia e spessa.

Vestivamo sempre alla marinara: blu d'inverno, bianca e blu a mezza stagione e bianca in estate. ...
Ci davano da mangiare sempre quello che più odiavamo; credo che facesse parte della nostra educazione britannica. ... Se uno non finiva tutto quello che aveva nel piatto se lo ritrovava davanti al pasto seguente.

5

Natalia Ginzburg nel romanzo *Lessico famigliare* traccia la storia della sua famiglia, sulla base dei ricordi che ne ha conservato. Era l'ultima di cinque fratelli e quindi la sua casa era sempre piena di movimento e di vita:

Vivevamo sempre, in casa, nell'incubo delle sfuriate di mio padre, che esplodevano improvvise, sovente per motivi minimi, per un paio di scarpe che non si trovava, per un libro fuori posto, per una lampadina fulminata, per un lieve ritardo nel pranzo, o per una pietanza troppo cotta. Vivevamo tuttavia anche nell'incubo delle litigate tra i miei fratelli Alberto e Mario, che anche quelle esplodevano improvvise ...

6

□ Come avete passato il periodo di Pasqua? Vi siete riposati?
■ Benissimo. I ragazzi erano sempre in giro. Giuliano lavorava ogni mattina fino all'ora di pranzo, e così io passeggiavo, leggevo e dipingevo.
□ Hai finito qualche bel quadro?
■ Sì, ne ho fatti tre; quando hai tempo passa un po' da me a prendere un caffè, così te li faccio vedere.
□ Volentieri. Verrò a vederli.

2

Come	hai	trascorso	le ferie
	avete		il periodo di Pasqua
		passato	di Natale
			il fine settimana
Cosa	hai	fatto	durante le ferie
	avete		nel periodo di ...
			nel fine settimana

Ogni giorno	sciavo.
Ogni mattina	dipingevo.
Ogni pomeriggio	passeggiavo.
Ogni sera	leggevo.
Un giorno sì e un giorno no	...
...	andavamo in giro.
	nuotavamo.
	camminavamo.
	facevamo il windsurf.
	...

7

□ Che facevi con quello nella discoteca?
■ Che t'importa.
□ Allora è vero.
■ Pensa quello che ti pare.

8

□ Che dicevi? Scusa, non ho capito ...
■ Niente, non ho detto niente.
□ Come, ho sentito che parlavi.
■ Sì, ma ragionavo tra me ...

9

□ Perché non ci avete informato se sapevate tutto?
■ Volevamo avvertirvi, ma voi non eravate a casa.

10

□ Ragazzi, mentre dormivate sono passati Marco e Antonia. Sono andati avanti, vi aspettano in palestra.
■ Peccato che non li hai fatti entrare ... Potevi svegliarci, ora dovremo fare una corsa.

Imperfetto

-are	-ere/-ire
port-**a-vo**	ved-**e-vo** ...
port-**a-vi**	prend-**e-vo** ...
port-**a-va**	dorm-**i-vo** ...
port-**a-vamo**	fin-**i-vo** ...
port-**a-vate**	
port-**a-vano**	

Unregelmäßig:
essere

ero	eravamo
eri	eravate
era	erano

Beachten Sie:

avere:	**avevo ...**
fare:	**facevo ...**
dire:	**dicevo ...**

Das *Imperfetto* dient zur *Darstellung von Handlungen und Zuständen,* die beim Einsetzen einer weiteren Handlung nicht als abgeschlossen gelten: Mentre mangiavamo Luigi è arrivato. Es steht auch bei wiederholten Handlungen in der Vergangenheit: Lo incontravo ogni giorno alla stessa ora.

Che giornate

11

□ Pronto ... Hotel Lido ... Buon giorno.
■ Buon giorno. Vorrei parlare con il signor Marazzi.
□ Un momento, resti in linea. Provo se i signori sono in camera.
■ Grazie.

□ Pronto ... Marazzi.
■ Ciao, Luca, sono io, Roberta. Come va?
□ Meglio. Oggi finalmente siamo potuti uscire.
■ Come? In tutti questi giorni siete rimasti in albergo?
□ Sì, ha piovuto per giorni e giorni.
■ Qui invece ha fatto un tempo meraviglioso. Non è piovuto per niente in tutta questa settimana.
□ Fortunati voi!

12

□ Quanti eravate?
■ Soltanto otto persone. I Di Palma hanno disdetto all'ultimo momento, sono dovuti andare dal padre di lei che stava male.
□ Non voleva venire anche la signora Buscema con le ragazze?
■ Sì, le ragazze sono venute, ma lei non ha potuto, ha dovuto fare un viaggio urgente.

13

□ Oggi è arrivata una cartolina di Giorgio. Scrive che è nevicato un giorno sì e un giorno no. Così hanno potuto sciare. Hanno anche camminato molto. Figurati, sono andati fino sul monte Sassolungo.

■ Che gita! Mi ricordo bene quella volta che ci siamo andati noi. Sarà stata una grande fatica con tutta quella neve.

□ Ma anche una bella esperienza per i ragazzi.

3

Sa perché	la signora ...	non è	venuta	?
	i Bianchi	non sono	venuti	
	le ragazze		venute	

Non	è potuta	venire perché ...	È dovuta andare da ...
	sono potuti		Sono dovuti / dovute partire per ...
	potute		Ha dovuto fare lo straordinario.
			Hanno dovuto aiutare il / la ...

14

□ Buon giorno, signora Turatti.
■ Buon giorno, non l'aspettavo così presto.
□ Sono tornato prima perché ho finito presto.
■ Allora è andato tutto bene?
□ Sì, prima sono stato in tribunale. Non mi sono fermato molto. Non c'erano altri clienti. Ho incontrato l'avvocato Piacentini davanti a un bar. Così mi ha dato alcune importanti informazioni sul caso Santini. Poi sono voluto andare a prendere mia moglie alla stazione. Ma non occorreva più perché era arrivata molto prima e aveva preso un tassì.

Passato prossimo (Besonderheiten):

Verben, die atmosphärische Phänomene (Wetter) bezeichnen, meist mit **essere**:
è piovuto, è nevicato;
auch mit **avere**: ha piovuto per giorni e giorni (Dauer wird unterstrichen).

Modalverben: dovere, potere, volere

mit **essere**	mit **avere**
Carla **è** dovuta **andare.**	Franca **ha** dovuto **mangiare.**
Siete potuti **uscire.**	**Avete** potuto **ascoltare.**
Non **sono** voluti **partire** con loro.	Non **hanno** voluto **scrivere.**
Hauptverben (hier Infinitive): andare, uscire, partire	**Hauptverben** (hier Infinitive): mangiare, ascoltare, scrivere

Oft auch mit **avere** abweichend von obiger Grundregel: Carla **ha** dovuto **andare. Avete** potuto **uscire.** Non **hanno** voluto **partire** con loro (Verpflichtung, Möglichkeit, Wille werden unterstrichen).

Un giorno...

15

Una donna racconta:

C' era un certo Sisto, il figlio del capostazione di Campo di Carne che mi veniva sempre dietro. Mi conosceva da quando avevo dodici anni, prima che morisse mia madre. Mi guardava, mi sorrideva, mi girava intorno. Era un bel tipetto coi baffi, magro, asciutto. Però a me non mi piaceva, non mi andava. Aveva nella faccia qualcosa di scemo, di depravato. Era più vecchio di me di sei anni. Io per la verità pensavo a un altro, Duilio. Questo Duilio lavorava nel negozio di ferramenta ... Era un bel ragazzo biondo, crespo, con la faccia larga e pacifica. Era di Nettuno, veniva ad Anzio per il lavoro. A me piaceva, ne ero innamorata.

Però a mio padre questo Duilio non gli andava giù. ...

Un giorno che stavo a parlare con questo Duilio, alla fontana, è arrivato mio padre e l' ha preso a schiaffi.

Non ci eravamo accorti che lui arrivava né niente. Quando è stato lì, ha alzato una delle sue mani dure e gli ha dato due schiaffi, uno su una guancia e uno sull' altra guancia. C' era tutta la gente che passava, eravamo in mezzo al paese. Duilio non ha detto niente, non ha fatto niente. ... E da quel giorno non si è fatto più vedere.

Maraini, D.: *Memorie di una ladra*

16

□ Sai se Alessandro ha portato i dischi?

■ Non ne so niente. Quando io sono andato via, Alessandro non era ancora arrivato.

Beachten Sie:
Quando sono arrivata, Giacomo aveva già fatto tutto.
Quando ho telefonato, Mariella era già partita.

Eine Handlung, die vor einem anderen vergangenen Ereignis liegt, wird durch das *Trapassato* (Vorvergangenheit) ausgedrückt:

ho fatto: ich habe gemacht	**avevo fatto:** ich hatte gemacht
sono arrivato: ich bin angekommen	**ero arrivato:** ich war angekommen

17

Due minuti d'intervallo

– Questa notte ho sognato che eri scappata con il ragioniere del piano di sotto!

– Lo sapevo, che sarebbe accaduto, prima o poi! Questo barattolo contiene solo additivi chimici e coloranti artificiali: niente altro!

– Non tenga conto di tutto quello che le ho detto: mancava una carta!

– Devo aver dimenticato il portafoglio nel mio abito di tutti i giorni ...

Alcuni fatti storici

18

Per la gloria di Roma

Mangiafico, A.:
Sicilia: Storia di una colonia

19

Un re tedesco in Sicilia

Federico II di Svevia, nipote del Barbarossa, oltre alla corona del Regno di Sicilia, aveva ereditato il titolo imperiale e le corone di Germania e d'Italia. Il sovrano fissò la sua corte a Palermo e mirò a unire i suoi possessi dell'Italia del sud con quelli del nord.
Durante il suo regno, Palermo si affermò come uno dei maggiori centri culturali dell'Europa e la corte del re divenne un luogo d'incontro di filosofi, scienziati, artisti.

▲ *Matrimonio di Federico II con Costanza d'Aragona, celebrato il 15 agosto 1209*

◄ *L'impero all'epoca di Federico II*

▼ *Miniatura del Decretum Gratiani, un'opera di giurisprudenza*

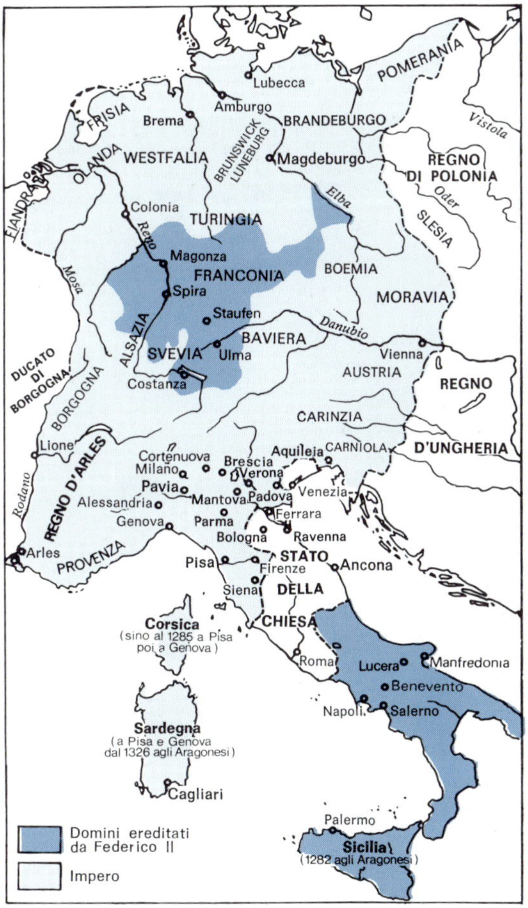

4

Perché	non hai	fatto ...
	avete	
		telefonato a ...
		chiamato ...

?

Quando	sono arrivato/-a,	Giacomo aveva già fatto ...
	siamo arrivati/-e,	gli amici erano già partiti.
	ho telefonato,	Claudia era già andata via.
	abbiamo chiamato,	il collega non era ancora arrivato.

20

Altri tedeschi in Italia

Sulla piazza c'era un mucchio di gente: stavano stretti, uniti, e guardavano tutti da una parte, guardavano tutti là in fondo a un grande albero nudo, a cui era appeso un impiccato.
...
I tedeschi cantarono un inno nella loro lingua, poi «Giovinezza» insieme ai fascisti. Alla fine uno di essi gridò: «Noi questo fare a spie e traditori», e sparò in aria una raffica di mitra.
Una donna del gruppo fece un passo, si rovesciò per terra svenuta ...

Viganò, R.: *L'Agnese va a morire*

21

Mi ricordo quel giorno come se fosse oggi. Mentre stavamo mangiando mio nonno all'improvviso si alzò e disse: «Questo è il giorno storico che ho aspettato per tutta la vita. Viva la patria!»

22

Una vignetta del periodo fascista:

— Il tuo papà?
— Ucciso dai fascisti. E il tuo?
— Ucciso dai partigiani.
— Facciamo società? Io canto e tu vai in giro col piattino.

23

Quando, alla scuola elementare, la maestra ci raccontava della gloriosa storia di Roma e dei suoi eroi, rimanevo sempre stupito del coraggio e del valore dimostrato dai miei lontani antenati e, anche se spesso avevo dei dubbi riguardo l'autenticità di certi racconti, non ebbi mai il coraggio di chiedere cosa ci fosse dietro le leggende.

Passato remoto

portare	**vendere**	**capire**
port-**ai**	vend-**etti***, vend-**ei**	cap-**ii**
port-**asti**	vend-**esti**	cap-**isti**
port-**ò**	vend-**ette***, vend-**è**	cap-**ì**
port-**ammo**	vend-**emmo**	cap-**immo**
port-**aste**	vend-**este**	cap-**iste**
port-**arono**	vend-**ettero***, vend-**erono**	cap-**irono**

Unregelmäßig:

avere	**essere**
ebbi	fui
avesti	fosti
ebbe	fu
avemmo	fummo
aveste	foste
ebbero	furono

Unregelmäßige Formen (1. u. 3. P. Sg. und 3. P. Pl.) meist bei den Verben, die auch ein unregelmäßiges Partizip Perfekt bilden, z.B.:
prendere: **presi**, prendesti, **prese**, prendemmo, prendeste, **presero**
dire: **dissi**, dicesti, **disse**, dicemmo, diceste, **dissero**

Das *Passato remoto* wird für abgeschlossene Handlungen einer weiter zurückliegenden Vergangenheit verwendet. Es kommt hauptsächlich in der Schriftsprache zur Erzählung historischer Ereignisse vor:
Il 7 settembre 1860 Garibaldi entrò trionfalmente a Napoli.

* Diese Formen nicht bei Verben, die im Stamm -t- enthalten, z.B. battere: battè etc.

24

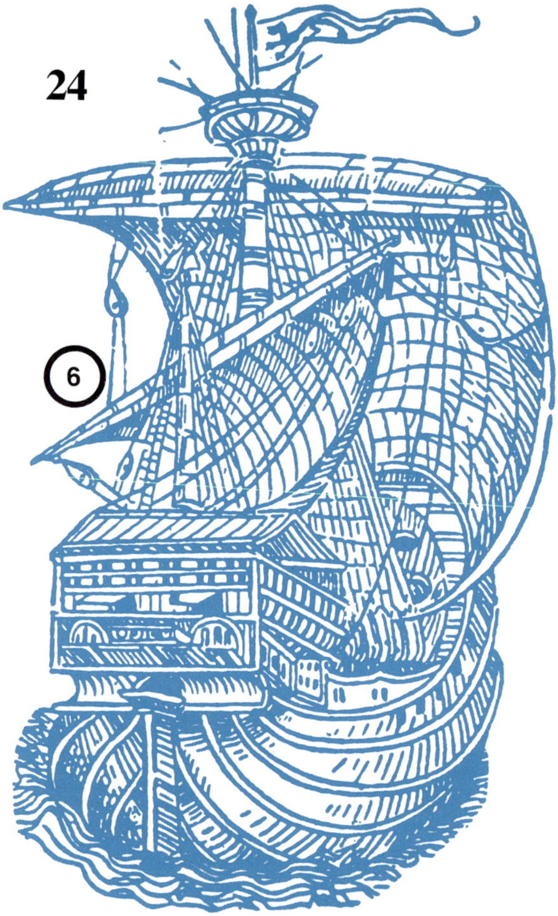

1 Nell' 800 Carlomagno fu incoronato imperatore da papa Leone III.

2 Dal 1096 al 1099 ebbe luogo la Prima Crociata.

3 Nel 1250 Federico II morì a Ferentino di Puglia.

4 Michelangelo nacque nel 1475 e morì nel 1564.

5 Dürer fu un contemporaneo di Michelangelo, nacque nel 1471 e morì nel 1528.

6 Nel 1492 Cristoforo Colombo scoprì l'America dopo 70 giorni di navigazione.

7 Il 31 ottobre 1517 Lutero affisse le 95 tesi alla porta del Duomo di Wittenberg.

8 Il 14 luglio 1789 il popolo francese riportò la vittoria sull'assolutismo; il 26 agosto dello stesso anno furono dichiarati i Diritti dell'Uomo.

9 Il 17 marzo 1861 il Parlamento torinese proclamò Vittorio Emanuele II Re d'Italia.

10 L'industrializzazione dell'Italia incominciò soltanto nel Novecento.

9

4

5

10

8

3

2

Fiabe e racconti

25

La barba del Conte

Il Conte abitava in cima al paese, in una grande cascina rotonda, con intorno un muraglione seminato di cocci di vetro.
E una domenica mattina i contadini, tutti insieme, arrivarono col cappello in mano, bussarono, gli fu aperto, entrarono nel cortile della casa rotonda del Conte, tutta ringhiere e finestre sprangate. Intorno al cortile c'erano seduti i soldati del Conte, che si lisciavano i baffi con l'olio per farli luccicare e guardavano brutto i contadini.
E in fondo al cortile, su una sedia di velluto, c'era il Conte, con la barba nera lunga lunga, che quattro soldati con quattro pettini pettinavano dall'alto in basso.

Arpino, G.

5

Quando lo fece
fecero
lo disse
dissero

?

Disse questo mentre	erano in tribunale.
Dissero	mangiavamo.
	...

Fece questo mentre	la signora dormiva.
Fecero questo mentre	gli altri ascoltavano.
	...

26

Nerone e Berta

Questa Berta era una povera donna che non faceva altro che filare, perché era una brava filatrice.

Una volta, strada facendo, incontrò Nerone, imperatore romano, e gli disse:

– Che Dio ti possa dare tanta salute da farti campare mille anni!

Nerone, che nessuno lo poteva vedere tant' era boia, restò di stucco a sentire che c' era qualcuno che gli augurava di campare mille anni, e rispose:

– E perché mi dici così, buona donna?

– Perché dopo uno cattivo ne viene sempre uno peggiore.

Nerone allora le fece:

– Be', tutto il filato che farai da adesso a domani mattina, portamelo al mio palazzo.

E se ne andò. (segue)

27

Berta, filando, diceva tra sé:

«Che ne vorrà fare di questo lino che filo? Basta che domani quando glielo porto non lo usi come corda per impiccarmi alla forca! Da quel boia c' è da aspettarsi di tutto!»

Ecco che la mattina, puntuale, si presenta al palazzo di Nerone. Lui la fa entrare, si fa dare tutto il lino che aveva filato, poi le dice: «Lega un capo del gomitolo alla porta del palazzo e cammina fino a che è lungo il filo»

28

La storia non è ancora finita:

Poi chiamò il maestro di casa e gli disse:

– Per quanto è lungo il filo, la campagna di qua e di là della strada, è tutta di questa donna.

Berta lo ringraziò e se ne andò tutta contenta. Da quel giorno in poi non ebbe più bisogno di filare perché era diventata una signora.

Quando la cosa si seppe per Roma, tutte le donne che avevano da mettere insieme il pranzo con la cena si presentarono a Nerone sperando anche loro in un regalo come quello che aveva fatto a Berta.

Ma Nerone rispondeva:

– Non è più il tempo che Berta filava.

Calvino, I.: *Fiabe italiane*

Deutsch **«lassen»:**

lasciare (zulassen): **Li lasciò andare.** Er ließ sie gehen.

fare (veranlassen): **Si è fatto dare la chiave.** Er hat sich den Schlüssel geben lassen. **Si fa fare un nuovo vestito.** Sie läßt sich ein neues Kleid machen.

Pronomen stehen vor der (konjugierten) Verbform:
Lo lascio entrare. – **La** facciamo fare.

Beachten Sie auch:
Li ho lasciat**i** entrare. – **Le** ho fatt**e** fare.

Tempi del passato (Zeiten der Vergangenheit)

Passato prossimo und **Passato remoto:** abgeschlossene Handlungen der Vergangenheit.

Passato prossimo: Ereignis hat Einfluß auf die Gegenwart: Sono andati in biblioteca.

Passato remoto: meist weiter zurückliegende Vergangenheit: Un mese fa andai in biblioteca.
In der Umgangssprache (besonders in Nord- und Mittelitalien) fast ausschließlich **Passato prossimo.** (In Teilen Süditaliens auch in der Umgangssprache **Passato remoto**.)

Mit beiden Zeiten im Wechsel steht das **Imperfetto** zur Schilderung der Rahmenhandlung:
Mentre leggevo il telefono ha squillato.
Mentre mangiavamo Luigi disse: ...

In lebhafter Schilderung auch **Presente storico** (vgl. 27).

6

Quando	è successo
	è arrivato/-a
	sono andati/-e via
	ha telefonato
	hanno chiamato
	...

È successo	mentre eravamo al cinema.
	mentre mangiavamo.
Sono partiti	mentre guardavamo la TV.
Ha chiamato	mentre stavamo giocando a carte.
...	...

Dopo aver fatto...

29

La graziosa Veronica è incerta davanti ad una bancarella sulla spiaggia ...

... ma, dopo aver messo tutto sossopra, se ne va. Che cosa ha comprato?

30

Brescia, 26 settembre 1986

Direzione
Agenzia ITALTOURS
Via del Corso, 117
Roma

Egregio Signore,

nonostante gli innumerevoli tentativi già fatti per avere un colloquio con Lei personalmente, durante il viaggio nell'Italia del sud organizzata dalla Sua agenzia, mi trovo ora costretta a scriverLe questa lettera per lamentarmi di quanto segue.

Giunta all'ora stabilita al punto d'incontro ho dovuto aspettare il pullman della sua agenzia per più di due ore. Siamo arrivati a Napoli con un ritardo di tre ore; per cui la gita programmata per Sorrento non si è potuta fare. Il giorno dopo a Palermo c'è stata pure una sorpresa, ancora più spiacevole. Sebbene avessi prenotato e pagato una camera singola nell'albergo, sono venuta a sapere che per me era prevista una camera doppia assieme a un'altra persona che partecipava alla gita. Camere singole non erano disponibili. Dopo aver trattato senza successo con l'albergatore, che non aveva nessuna colpa, abbiamo dovuto arrangiarci.

Desidero che mi vengano rimborsati il supplemento per la camera singola e l'intero prezzo della mancata gita a Sorrento. Viaggio spesso in Italia con diverse agenzie, ciò che mi è capitato con la Sua è veramente incredibile.

Distinti saluti

Carla Bertulli

Sig.ra Carla Bertulli
via Cadorna, 7
25186 Brescia

31

- □ Che farai dopo?
- ■ Dopo aver messo un po' di ordine in casa vorrei scrivere due lettere e poi ascoltare il disco che Giovanna mi ha regalato.

32

- □ La donna si avvicinò e mi sorrise. Una volta riconosciuta, le porsi il saluto. Era una amica d'infanzia di mia sorella che non avevo visto per più di vent'anni.
- ■ E cosa avete fatto?
- □ Niente di straordinario. Siamo andati a prendere un caffè insieme. Dopo questo incontro non l'ho più vista.

Beachten Sie:

Statt: Dopo che aveva finito il suo racconto, se ne andò
bei gleichem Subjekt in Haupt- und Nebensatz meist: Dopo **aver finito** il suo racconto, se ne andò.

Un giorno il nonno conobbe la nonna

Il ritorno della befana

Cronaca di Roma

A furor di popolo la Befana è tornata in Italia dopo otto anni di esilio: un decreto del Presidente della Repubblica, firmato d'urgenza l'ultimo giorno del 1985, ha dato ragione alle proteste di bambini, genitori e commercianti e torto al Parlamento che otto anni fa, nel 1977, aveva abolito la festa della Befana in nome del risparmio e dell'austerità. Torna dunque la magica vecchia che a cavallo della scopa vola col grande sacco sulle spalle di tetto in tetto per lasciare giocattoli e dolci ai bambini bravi, cenere e carbone ai cattivi.

Prendere posizione I 5

Quanta strada abbiamo fatto

1

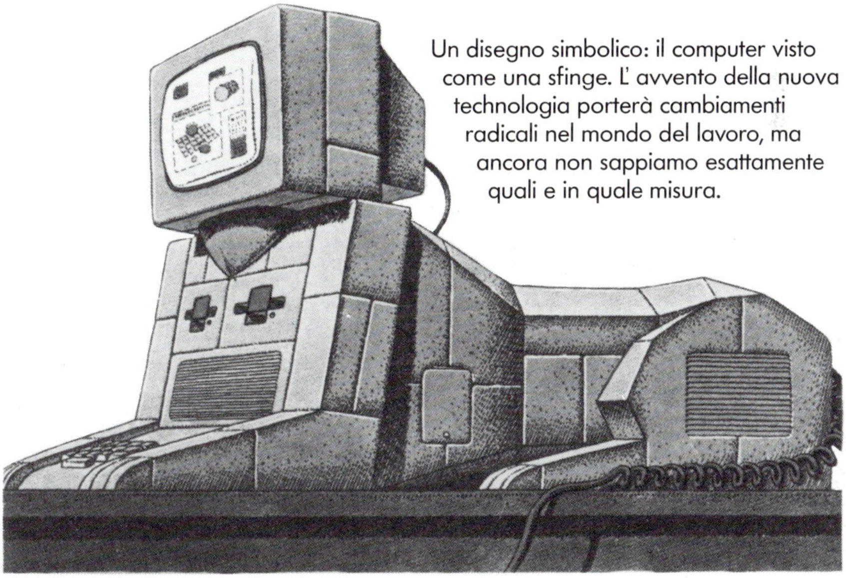

Un disegno simbolico: il computer visto come una sfinge. L' avvento della nuova technologia porterà cambiamenti radicali nel mondo del lavoro, ma ancora non sappiamo esattamente quali e in quale misura.

2

□ Hai trascorso bene ieri la serata?

■ Non ho fatto niente di particolare. Ho solo giocato a scacchi.

□ Allora hai incontrato qualche amico?

■ No, no, ho giocato con il mio computer.

□ Che orrore!

■ Non sono affatto d'accordo con te. Il calcolatore elettronico applica le regole del gioco con grandissima precisione e con correttezza.

□ Non lo dicevo in questo senso. Per me è un'assurdità trascorrere la serata con un aggeggio del genere.

■ Non è come dici tu. Anzi. Chi vuol perfezionare il gioco farebbe bene a giocare con il computer.

3

È anche possibile collegare un cervello elettronico con parti meccaniche che sembrano braccia e gambe, in modo da renderlo capace di muoversi da solo, raccogliere oggetti, trasportare pesi, fare operazioni precise con strumenti molto delicati: il robot, il sogno degli inventori fino a qualche tempo fa, è ora realizzato. Nei lavori faticosi dell'industria, per esempio, i robot sostituiscono il lavoro degli uomini.

4

□ Ha già sentito che il signor Ranieri ha perso il posto alla Motta?

■ No. Mi dispiace per lui. Per quale motivo l'hanno licenziato?

□ Hanno introdotto i computer nel reparto ragioneria e così non hanno più avuto bisogno di lui.

■ Non mi pare giusto che uno dopo tanti anni che ha lavorato per una ditta debba perdere il posto. Hanno licenziato anche altri?

□ Molti, per quello che ne so. Sono potuti rimanere solo quelli che già si erano specializzati nell'uso del computer.

■ Che fa il signor Ranieri ora?

□ Sta frequentando un corso di qualificazione professionale per specializzarsi nelle nuove tecnologie.

1

I calcolatori elettronici cambiano la nostra vita in meglio, ...

| vero
| o no
| Che ne pensa
| Che ne dice
| Lei è d'accordo

È proprio vero / così.	Non sono d'accordo con lei,	perché ...
Senza dubbio.	Non sono dello stesso avviso / parere.	Credo che siano ...
Ciò che dice è più che giusto.	Non sono del suo avviso / parere.	Penso che facciano ...
Sono (perfettamente) d'accordo con lei.	Non sono del suo punto di vista.	Mi pare che abbiano ...
Sono del suo avviso / parere.	Sono di avviso / parere contario.	
Condivido la sua opinione / le sue opinioni.	Non lo / la vedo come lei.	
Lo / la vedo come lei.		

5

6

Dante e il computer

Un professore di italiano racconta:

Era l'anno dantesco, ed io avevo preparato una memoria sull'astronomia di Dante, così come il poeta ce la presenta nella *Divina Commedia.* Avevo dovuto lavorare per molti mesi, allo scopo di rintracciare e catalogare tutti i versi del poema in cui fossero presenti riferimenti astronomici; ma il lavoro era terminato e la memoria era pronta in tempo per il congresso.

Quando raggiunsi la sede della manifestazione, notai che veniva mostrato al pubblico un calcolatore in funzione e, incuriosito, mi avvicinai. Cosa c'entra – pensavo – un calcolatore con Dante Alighieri?

7

La macchina – mi fu spiegato – aveva in memoria tutta la *Divina Commedia* e poteva ritrovare i versi di interesse.

– Ma – chiesi con inquietudine – potrebbe elencare tutti i versi in cui compaiono riferimenti astronomici?

– Certo, professore! Ci dica qualche parola chiave di tipo astronomico e le mostreremo cosa può fare questa macchina.

□ Sole – risposi – anzi, sol.

Scrissero «sol» sulla tastiera e subito un foglio di carta prese ad uscire rumorosamente da una fessura; e sul foglio che avanzava lessi:

E il sol montava 'n su con quelle stelle (Inf. I, 38)

Chinati e chiusi poi che il sol gl'imbianca (Inf. II, 128)

...

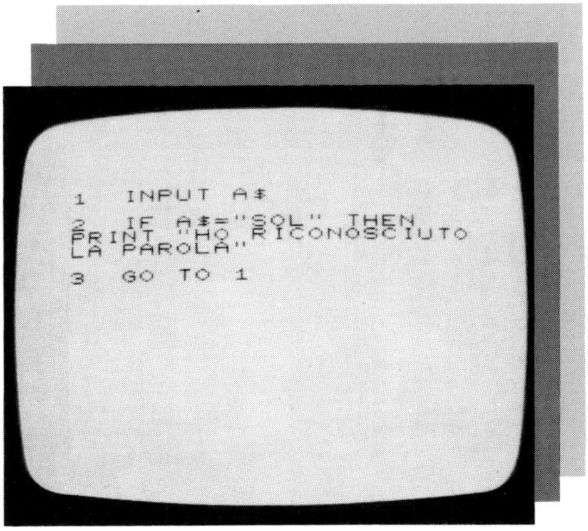

Dopo pochi minuti mi diedero una striscia di carta con l'elenco completo, accompagnandolo con un bel sorriso, e pensai che per compilare un elenco di quel genere avevo dato alcuni mesi della mia vita.

ANONIMO DEL SECOLO
CXIII A.C.
STUDI
SUL PRINCIPIO DELLA
RUOTA

QUALCHE NOVITA', QUEST'ANNO?
GROSSE NOVITA'! MA LE TENIAMO STRETTAMENTE SEGRETE FINO ALL'APERTURA DEL SALONE.
STORIE! ANCHE SOTTO QUEL TELO, SI CAPISCE CHE NON PUO' ESSERCI MOLTO DI NUOVO!
SI VEDE CHE NON HA LA MINIMA IDEA DEI NUOVI PREZZI.

Che lingua parla? L'itaglese?

9

«È nata una nuova lingua italiana, quella della borghesia tecnologica ... D'ora in poi alla guida della lingua non sarà più la letteratura, ma la tecnica.» Così Pasolini profetizzava nel 1965. «Sotto l'influenza unificatrice delle grandi aziende del Nord – continuava –, il linguaggio della tecnica invaderà il lessico, la forza dei dialetti si spegnerà, il latino finirà di influenzare le nostre strutture sintattiche, la lingua parlata subirà una profonda rivoluzione.»

10

11

- ☐ Non è troppo amaro questo caffè?
- ■ A me mi piace così.
- ☐ Senti, Fabrizio, non sopporto questi nuovi modi di esprimersi. Si dice: mi piace e non «a me mi piace».
- ■ Sono certo di averlo sentito tante volte. I miei compagni per esempio si esprimono così.
- ☐ Probabilmente, ma tuttavia è sbagliato. Da qualche tempo la lingua italiana si sta trasformando.
- ■ È bene che si trasformi. A mio avviso si arricchisce di nuove espressioni.
- ☐ Sì, potrei essere d'accordo con te. Ma come si fa a passare sopra a tutti questi errori?
- ■ Chissà se quello che oggi può sembrare a te un errore, domani non sarà l'espressione esatta.
- ☐ Sarà esatta, come ti pare. Ma oggi è meglio dire: mi piace, perché «a me mi piace» è un pleonasmo.

Nora Galli de' Paratesi autrice della ricerca «Lingua toscana in bocca ambrosiana».

CULTURA

IL LINGUAGGIO DEGLI ITALIANI

BADA COME PARLI

di TULLIO DE MAURO

Parole straniere, slogan pubblicitari, nuove espressioni scientifiche e tecnologiche. La lingua si arricchisce di continuo. Ma gli italiani non ce la fanno a tenere dietro a tutte le trasformazioni... Come parlano i cittadini degli anni Ottanta?

12 *Quale che sia la lingua – l'essenziale è poter esprimere la propria opinione.*

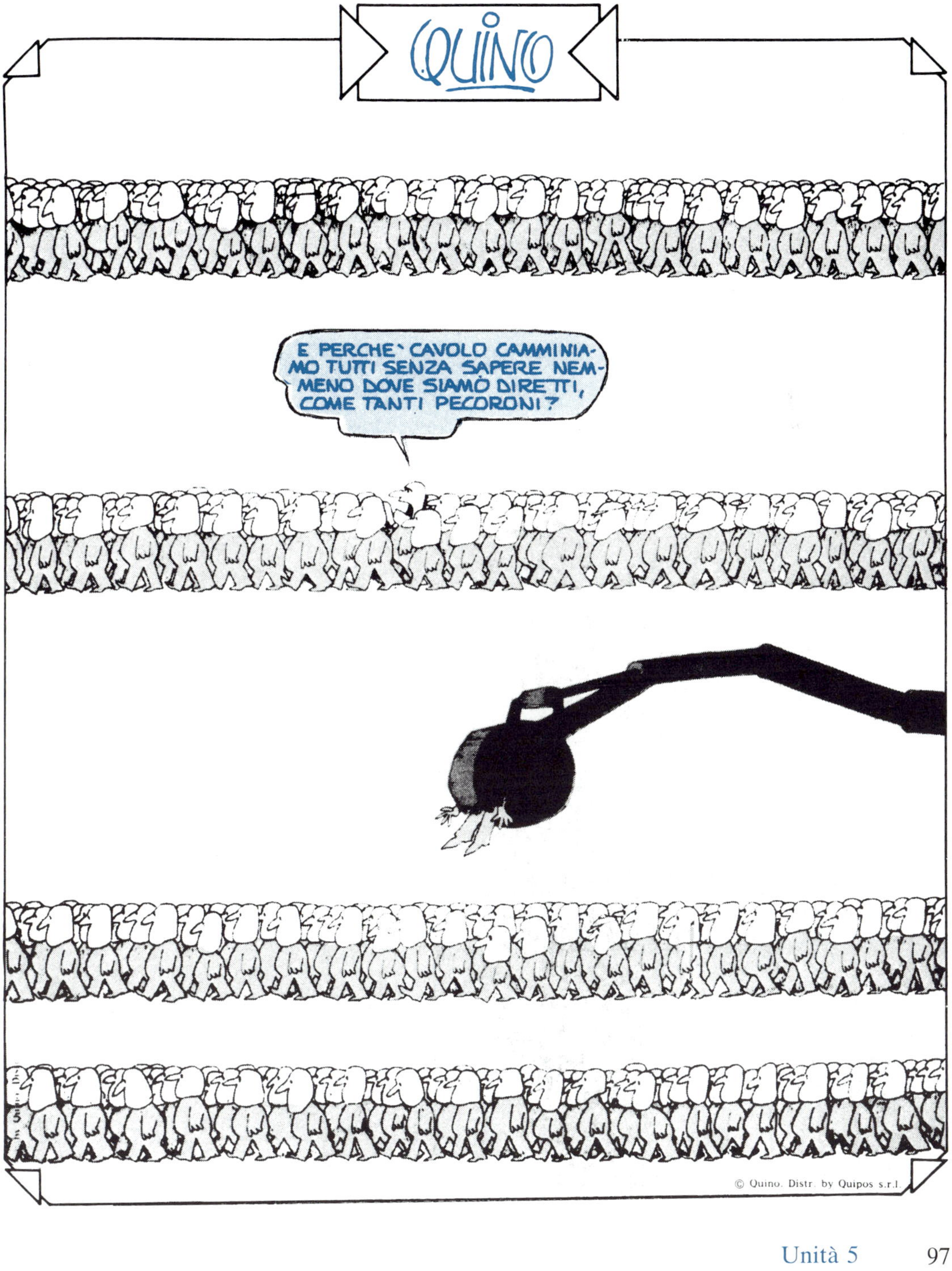

2

Che idea ti sei fatto su questo?
Che ne dici di ...?
Che ne pensi di ...?
Qual è la tua opinione su ...?

Per me		giusto
Secondo me	è	importante
A mio avviso		interessante
Secondo il mio parere		normale
		utile
Sono dell'avviso che	sia	inutile
Sono del parere che		noioso
		non molto buono
Lo trovo		ridicolo
		strano
		stupido

Fame e musica

13

MEAT IS MURDER

LA CANZONE DEI VEGETARIANI

Principi della corona e pop stars sono uniti nello sforzo di convincere il mondo che, per vivere, non abbiamo bisogno di uccidere gli animali. Mangiare carne, dicono, è un delitto.

14

L'ANTITALIANO

di Giorgio Bocca

A tempo di rock non si sfama il Terzo mondo

... L'anno scorso il bravo Pippo Baudo presentava a Montecatini un programma contro la fame nel mondo. Aveva a portata di mano un bel telefono grigio perla a cui andavano ogni tanto zoomate allusive. Il bravo Baudo simulava attesa e poi sorpresa e infine incontenibile gaudio mentre annunciava: Giorgio Armani offre cinquanta milioni per gli affamati del mondo. Quali affamati? Quelli noti del Sahel e dell'Etiopia che noi europei, sempre colpiti dal mal d'Africa, consideriamo quasi come affamati di casa, o gli altri a noi ignoti e indifferenti che intanto crepano nella remota Indonesia, nella sconosciuta Amazzonia o in Afganistan o nella Terra del fuoco? A chi andranno i cento miliardi raccolti con il megaconcerto rock grazie ai contorcimenti di Madonna e agli urli dei Who? Al Terzo mondo, si dice.

Ma il Terzo mondo cosa è? ...

15

□ Vieni anche tu al concerto?

■ A quale concerto?

□ Su che pianeta vivi? Non hai sentito che domenica allo stadio avrà luogo un grande concerto rock-pop per combattere la fame nel mondo?

■ Per me è pura follia pensare di risolvere il problema della fame nel mondo con la beneficenza.

□ Secondo te, questo concerto quindi non è utile?

■ Utile sì, alla vendita dei dischi e alla popolarità dei cantanti.

3

Questi concerti di beneficenza contribuiscono a ridurre la fame nel mondo. È vero o no? Che ne pensi?

Non sono molto / del tutto d'accordo, perché ...
Forse / magari hai ragione, ma ...
Può darsi di sì, ma ...
Può darsi che contribuiscano ...
Ho l'impressione che non contribuiscano ..., perché ...
Non so se contribuiranno ...

Non saprei che dire.

16

PREMIO NOBEL

Scrivo per protestare riguardo alla nomination di Bob Geldof per il Premio Nobel per la pace. È una vergogna! Vent'anni fa i Beatles furono fatti baronetti per effettivi meriti musicali ed economici, ma quasi tutti ritennero che concedere l'onorificenza a dei cantanti fosse troppo.

Ora spunta fuori questo qui e tutto ad un tratto decidono di nominarlo per un simile premio quando lui non ha fatto un tubo oltre a presentare i partecipanti al Live-Aid.

Idee tali le aveva avute dieci anni prima John Lennon, ma nessuno aveva voluto mai accorgersene, perché, secondo gli inglesi, John aveva tradito la sua gente dal momento che si mise insieme a Yoko, lasciando Cynthia. Ma vi sembra giusto? Questo è razzismo allo stato puro!

È per questo che io mi oppongo. NON È ASSOLUTAMENTE AMMISSIBILE!

Un Lennoniano Convinto

17

Come si vince la guerra contro la miseria?

L'arte dell'arrangiarsi

18

□ Come vi chiamate?
■ Ernesto, guardiamacchine abusivo autorizzato.
□ Come autorizzato? Autorizzato da chi?
■ Dagli abusivi, dottò.
□ E da quanto tempo fate questo lavoro?
■ Da venticinque anni, adesso però mi sono fatto vecchio e lascio il posto a mio figlio Salvatore, d'altra parte è lui il primogenito, gli spetta. Vedete dottò, fare il guardiamacchine oggi è un mestiere troppo impegnativo. Non è più come una volta che uno guardava e basta. Adesso il cliente vi lascia la macchina in mezzo alla strada e vi dice: *«Ernè, vidatella tu»,* e io che faccio? Io non tengo nemmeno la patente. Subentrando mio figlio Salvatore invece è tutta un'altra cosa: lui guida, fa le manovre, e farebbe contenta la spettabile clientela. Perché senza offesa dottò, io qua tengo per clienti i migliori avvocati di Napoli.

De Crescenzo, L.: *La Napoli di Bellavista*

19

□ Sei nell'ultimo anno di scuola, vero?
■ Sì, se tutto va bene, fra sei mesi finirò la scuola.
□ Che vorresti fare dopo?
■ Vorrei fare l'insegnante, ma probabilmente finirò per prendere un'altra strada.
□ Perché?
■ Ci sono tanti insegnanti disoccupati. Sarebbe stupido studiare per tanto tempo e rimanere poi senza posto.
□ Hai pensato ad un'alternativa?
■ Intendo iscrivermi all'istituto d'arte. Un nostro parente ha una piccola ditta grafica e ha promesso di assumermi.
□ Ma sai disegnare? Ti piace?
■ Mi piace molto. I miei insegnanti dicono che ho talento.
□ Ti puoi considerare fortunato allora.

20

L'erede

Dopo la nascita della prima femmina, Filomena e Luigi decisero che non avrebbero smesso di far figli fino a quando non avessero avuto il maschio, l'erede. Che cosa dovesse ricevere in eredità non era chiaro, essendo quella di Filomena e Luigi una delle famiglie più povere del paese, tanto povera da meritare il sopranome di «Portacenci».
Adolfo, il maschio desiderato arrivò dopo dieci femmine, quando le sorelle più grandi già avevano preso marito e si erano rotta la schiena lavorando nei campi sotto padrone.
Le attenzioni di cui egli fu circondato dai genitori non dispiacquero affatto alle sorelle che facevano, anzi, a gara nel proteggerlo dalle fatiche e nel sognare per lui un avvenire diverso, degno dell'ansia con cui l'avevano atteso.
Adolfo «de Portacenci», diventando adulto si allontanò sempre più dall'ideale che la famiglia aveva creato: è ora un piccolo impiegato dell'ufficio postale. I suoi studi infatti non hanno avuto un esito brillante, nonostante i grandi sforzi e le speranze della sua famiglia.

21

□ Le pare giusto che io debba tornare la terza volta da lei per sbrigare una faccenda da niente?

■ Mi scusi, non dipende da me. L'ufficio competente la sua pratica ce l'ha mandata soltanto ora.

□ Non si poteva preoccupare lei della pratica? Se avesse sollecitato sarebbe arrivata prima.

■ Ma ho sollecitato più di una volta. Se no, chissà quando ce l'avrebbero mandata.

22

Debbo andare negli Stati Uniti. Cerco l'Ufficio Sanitario per farmi fare la vaccinazione antivaiolosa. Chiedo informazioni a un vecchietto per strada:

□ Per cortesia, sa dov'è che si fanno le vaccinazioni antivaiolose?

■ Quelle vere?

□ Come sarebbe a dire: quelle vere?

■ Quelle vere sarebbe quand'uno se la vuole fare veramente. Voi ve la volete fare veramente o v'accontentate solo del certificato?

□ Gesù, ma è logico che me la voglio fare veramente.

■ E va bene, però, sapete com'è: a volte capita che uno, per evitare la fila, la febbre e via dicendo, s'accontenterebbe pure solo del certificato. Certo ... si paga una cosina in più, ma si tratta proprio di una sciocchezza.

□ No grazie. Sa dov'è l'ufficio?

■ È in quella palazzina di fronte. Appena dopo l'ingresso c'è una porta a destra dove sta scritto È PROIBITO ENTRARE. Voi entrate. A proposito, chiedete del dottore con la barba. Come fa le vaccinazioni lui, non le fa nessuno.

De Crescenzo, L.: *La Napoli di Bellavista*

6 Descrivere . . .

Persone e personaggi

1

□ Tu conosci la mia amica Vittoria?
■ No, credo di no.
□ Ma non l'hai conosciuta a casa dei Gasparini, l'altra sera?
■ Può darsi. Si tratta allora di quella ragazza snella, molto alta dai capelli scuri?
□ Sì, è proprio lei.
■ Ah, quella lì. Mi piace. È assai vivace. Peccato che non sappia meglio l'italiano. Non è italiana?
□ No, è italo-americana.

2

□ Allora, rimaniamo d'accordo così. Ci vediamo dopodomani alle quattro al Caffè Greco.
■ Va bene. Come farò a riconoscerla?
□ Sono di media statura, ho i capelli neri e porto occhiali. Sul tavolo metterò una rivista di arredamento.
■ Io invece sono piccola, ho i capelli rossi.
□ Ci riconosceremo senz'altro. Non dimentichi di portare gli schizzi.
■ Li ho già messi da parte. Allora a dopodomani. Arrivederla.
□ Arrivederla, signora.

Beachten Sie:

avere **gli** occhi verdi
avere **i** capelli biondi } im Italienischen mit Artikel!

una ragazza **dai** capelli rossi: ein Mädchen mit roten Haaren.

3

Tre inserzioni da *Il Messaggero di Roma*

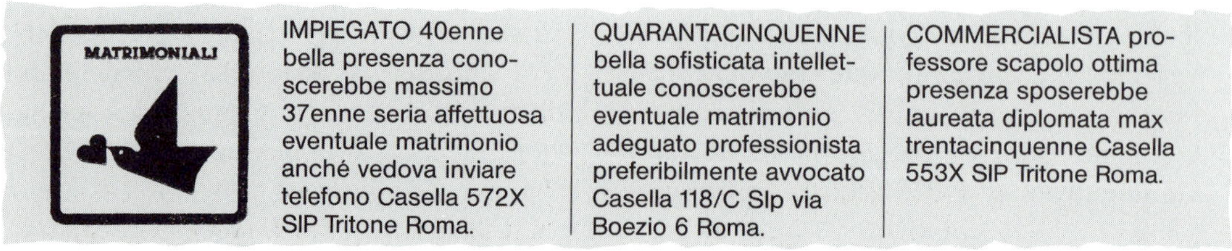
MATRIMONIALI

IMPIEGATO 40enne bella presenza conoscerebbe massimo 37enne seria affettuosa eventuale matrimonio anché vedova inviare telefono Casella 572X SIP Tritone Roma.

QUARANTACINQUENNE bella sofisticata intellettuale conoscerebbe eventuale matrimonio adeguato professionista preferibilmente avvocato Casella 118/C SIp via Boezio 6 Roma.

COMMERCIALISTA professore scapolo ottima presenza sposerebbe laureata diplomata max trentacinquenne Casella 553X SIP Tritone Roma.

4

Una voce dall'altoparlante di un grande magazzino annuncia:
Si cerca il piccolo Luca, di quattro anni. Ha gli occhi verdi e i capelli castani. Indossa pantaloni verde scuro, un maglioncino bianco a strisce verdi e una giacchetta a vento beige. Chi lo vedesse è pregato di accompagnarlo allo sportello informazioni al pianterreno.

1

Cerco / Cerchiamo — mio figlio / mio nipote.
nostra figlia / mia nipote.
una persona che non ho ancora visto.

Come si chiama
Quanti anni ha
Potrebbe descriverlo / descriverla
?

Si chiama ...
Ha ... anni / ha circa ... anni.
È alto/-a, piccolo/-a, snello/-a, robusto/-a, di media statura.
Ha i capelli neri, castani, bruni, rossi, biondi, scuri.
gli occhi verdi, neri, castani, celesti, grigi.
Indossa un maglione nero.
una camicetta bianca.
un golf a quadretti.
una giacca gialla.
una gonna grigia.
una camicia celeste.
un vestito marrone.
un soprabito lungo.
un impermeabile beige.
pantaloni verde scuro.
scarpe blu.
calzini grigio chiaro.
Porta occhiali / occhiali da sole.

5

□ Credi che possa lasciar andare la ragazza a vivere da quella famiglia a Monaco?

■ Io credo di sì, perché no? Per come vi hanno scritto sembra gente perbene.

6

Dopo IL MEDICO DI STALINGRADO e UN MATRIMONIO FELICE una storia moderna di suspense e intrigo nell'ultimo successo di uno dei più letti autori tedeschi contemporanei.

HEINZ G. KONSALIK

UNA FAMIGLIA PERBENE

La vita tranquilla di una stimata e felice famiglia tedesca viene sconvolta da una trama di violenza, ricatti e corruzione: un incubo senza scampo che trascinerà ognuno dei componenti in una dura lotta per salvare, assieme alla dignità, la vita stessa. La storia della coraggiosa e sofferta ricostruzione morale di una famiglia.

RIZZOLI

Adjektive

Zusammengesetzte Adjektive: nur zweiter Teil wird verändert:
la frontiera **franco-italiana**
un'opera **greco-romana**

unveränderlich:
zusammengesetzte Farbadjektive:
una giacca **rosso chiaro:**
eine hellrote Jacke
von Fremdwörtern und Substantiven abgeleitete Adjektive:

pantaloni **beige:**	eine beige Hose
un maglione **rosa:**	ein rosa Pullover
calze **blu (bleu):**	blaue Strümpfe

außerdem:

un numero **pari:**	eine gerade Zahl
un numero **dispari:**	eine ungerade Zahl
una famiglia **perbene:**	eine anständige Familie

7

□ Hai già visto la nuova collega?
■ No, è quella che è stata trasferita qui dalla centrale?
□ No, non è quella, è un'altra. È stata assunta ora. L'ho conosciuta questa mattina. A me fa un'ottima impressione. Sembra abbastanza qualificata. È laureata in economia e ha esperienza di marketing. E in più sa bene l'inglese.
■ Com'è che tu sai tutto questo? Te l'ha detto lei?
□ No, lei è piuttosto riservata; me l'ha detto il caporeparto quando me l'ha presentata.

8

EUREKA!

Se nel corso della Sua attività ha lanciato in qualche occasione il grido di Archimede; se ha un'ottima cultura generale e un'età compresa tra i 30 e i 40 anni; se ha eccezionali capacità come organizzatore, animatore e formatore commerciale; se Le interessa una motivante attività nel campo della creatività, attendo un Suo segnale per creare una rete commerciale emblema nel campo dei servizi.

Dott. NICOLA PIEPOLI – via. L. Mancini 1
Tel. 02/5401228-5400988

9

Quesito con la Susi

Come si chiama, fra le ragazze citate, quella che non è spiritosa?

10 e 11

Un lavoro entusiasmante

Disc-Jockey

Lavorare, guadagnare e divertirsi. È l'aspirazione di tutti. Fare il Disc-Jockey oggi significa esercitare una professione veramente entusiasmante e gratificante sotto tutti gli aspetti. L'**ISTITUTO ITALIA**, ha messo a punto l'unico corso qualificante ed esclusivo per Disc-Jockey riconosciuto dall'**A.N.D.J.** (Associazione Nazionale Disc-Jockey). Il conseguimento del diploma di Disc-Jockey dà diritto all'iscrizione automatica all'**A.N.D.J.** È un corso che puoi fare tranquillamente a casa tua. Imparerai tutti i segreti e le tecniche per esercitare con successo la professione del Disc-Jockey. N.B. L'**A.N.D.J.** mette a disposizione dei diplomati le eventuali Discoteche o Radio libere convenzionate per le prove pratiche.

ISTITUTO ITALIA

LA SCUOLA PROGRAMMATA PER L'INSEGNAMENTO A DISTANZA
(Sezione spettacolo)

I NOSTRI CORSI

● Disc-Jockey ● Preparazione ai concorsi pubblici ● Operatore computer ● Fotografia ● Perito Meccanico ● Elettronico, Elettrotecnico ● Designer ● Montatore sistemi antifurto ● Stilista di moda ● Arredatore ● Dattilografa ● Maestra d'asilo ● Disegno e pittura ● Formazione alla vendita ● Operatore commerciale mercati esteri ● Elettronica solare ● Animatore e accompagnatore turistico ●

ROCKSTAR N. 64

Inviatemi gratis e senza alcun impegno, informazioni sul corso di:

nome cognome

età via n. CAP.

città provincia

ISTITUTO ITALIA
Via Pierfranco Bonetti, 88/90 - 00128 ROMA

2

Quale qualifica bisogna avere per il posto di ... che si libera nel nostro reparto
per il posto di ... annunciato sul giornale
per iscriversi a questa scuola serale
per poter frequentare questo corso superiore

?

Bisogna saper scrivere bene a macchina.
bene l'inglese.
lo spagnolo.
il tedesco.
guidare.
avere una buona cultura generale.
esperienza di vendita.
di marketing.
essere laureati in economia / in lettere / in legge.
attivi, dinamici, creativi, intraprendenti.

Non è possibile iscriversi / frequentare ... se non si è frequentato il corso precedente.
Si deve avere tra i ... e i ... anni.
Si deve avere al massimo ... anni.
Non occorre nessuna qualifica particolare.
Ognuno può presentarsi per questo posto.
iscriversi a ...
frequentare ...

12

□ Hai visto ieri sera la trasmissione con Bianca Biancardi?
■ E chi è?
□ È quella bionda che da un po' di tempo si vede in tutti gli show. È una cantante molto brava.
■ L'ho vista qualche anno fa in un film con Giancarlo Giannini.
□ Con Giannini?
■ Sì, lei interpreta il ruolo di una giovane donna che viene sequestrata da un gruppo di estremisti.
□ Ah, ora mi ricordo. Sì, è anche una brava attrice.

Adjektive

meist nachgestellt, wenn ergänzt:
una brava studentessa
una studentessa **molto brava**

un buon vino
un vino **assai buono**

meist nachgestellt, wenn mehrere Adjektive:
un'inserzione **interessante e originale**
una donna **bella e buona**

13

14

Una scritta su una parete della Scuola 725 a Roma.

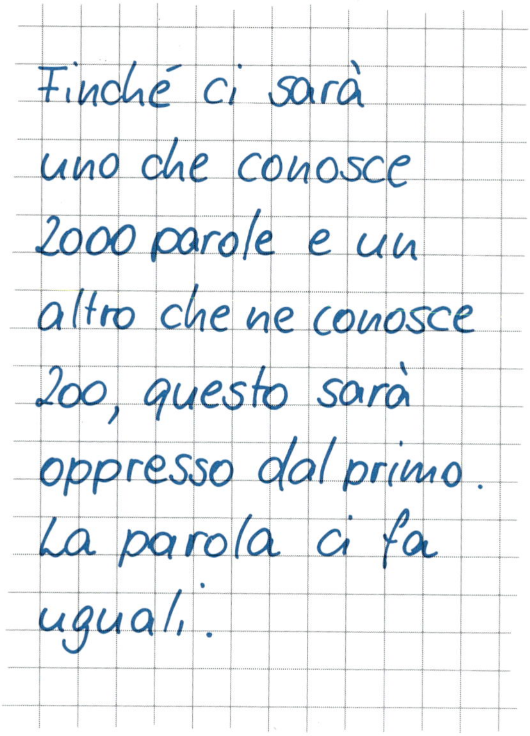
Finché ci sarà uno che conosce 2000 parole e un altro che ne conosce 200, questo sarà oppresso dal primo. La parola ci fa uguali.

Passiv – einfache Zeiten

la porta è chiusa	die Tür wird geschlossen
i fiori erano venduti	die Blumen wurden verkauft
le riviste furono spedite	die Zeitschriften wurden geschickt
il capo sarà informato	der Chef wird informiert (werden)
se fossimo invitati	wenn wir eingeladen würden
saresti promosso	du würdest befördert

Essere wird bisweilen durch venire ersetzt, um Mißverständnisse zu vermeiden.
Il negozio è aperto bedeutet auch: Das Geschäft ist geöffnet, daher:
Il negozio viene aperto.
essere chiamato (an)gerufen werden

15

Una domenica al circo

Decidiamo di fare quattro passi per la città. Servirà a conoscerci meglio. E lui a raccontarmi ancora di sé: «La mia vita è trascorsa negli istituti di rieducazione. Non ho mai conosciuto i miei genitori, per cui ho sempre dovuto arrangiarmi in qualche modo per campare. Ora ho deciso di cambiare vita, di cercare un lavoro onesto, anche umile, che però mi permetta di ‹guardare in faccia la vita›.»
Mentre discorriamo, capitiamo nei pressi del circo che staziona in città in questi giorni. Improvvisamente, un'idea: perché non chiedere lavoro proprio lì? Alla mia proposta, Giuseppe pare contento; e poi non gli dispiacerebbe girare continuamente, conoscere gente ...
Chiediamo di parlare con il direttore: un tipo simpatico, cordiale, che dopo avermi ascoltato nella sua roulotte, dice che proprio qualche ora prima due suoi dipendenti sono stati costretti ad andar via per motivi familiari ...
Giuseppe ha il volto radioso. Mi stringe la mano, ha gli occhi lucidi: lì c'è tutto quello che vorrebbe dire.

3

Ti piace	il nuovo capo
Come trovi ...	i Gualtieri
Che ne pensi di ...	mia cognata

Mi piace, perché è simpatico/-a.
Lo / la trovo antipatico/-a, perché ...
Credo che siano ... / Mi sembrano molto ...
Non lo so ancora.

La solitudine di un napoletano

«La vita quotidiana» dice Tonino «è come il monopoli: all'inizio ogni giocatore riceve dal banco 24 gettoni di libertà, un gettone per ogni ora del giorno. Il gioco consiste nel saperli spendere nel modo migliore ... Noi per vivere abbiamo bisogno di due cose: di un po' di soldi, per essere indipendenti dal punto di vista economico, e di un po' di affetto, per superare indenni i momenti di solitudine ...»
«Donn' Antò», dice Carmine che non essendo un intimo, dà del voi a Tonino e lo chiama donn' Antonio «l'unica cosa che non ho capito è questo fatto dei gettoni. Voi dite che uno, per procurarsi i soldi, deve cacciare altri soldi ...». «Sì», lo interrompe Tonino «ma si tratta di soldi immaginari, banconote corrispondenti alle ore di tempo libero. Se tu sacrifichi tutte le ore della giornata per il lavoro e per tua moglie, non avrai più nemmeno un minuto per restare solo con te stesso.»
«Ho capito, donn' Antò», annuisce Carmine senza troppa convinzione ... «è quando resto solo con me stesso che mi annoio moltissimo e allora dico io: non è meglio che vado a lavorare?»
«Questo succede perché nessuno ti ha mai insegnato a vivere da solo. Lo sai che cosa diceva un filosofo tedesco che si chiamava Nietzsche? Diceva ‹o solitudine, o patria mia!›.»
«Forse sarà così in Germania», obietta Carmine «per noi napoletani invece la solitudine è sempre stata una brutta cosa.»

De Crescenzo, L.: *Storia della filosofia greca*

Oggetti e luoghi

16

□ Lo hai già sentito il nuovo disco di Alice?
■ No, com'è?
□ Per me è il migliore che abbia inciso fino ad ora.
■ Me lo fai sentire?
□ Volentieri. Perché non passi da me domani sera?

Beachten Sie:

Einige Adjektive ändern ihre Bedeutung je nach Stellung:
un **nuovo** disco: eine neue (andere) Schallplatte
un disco **nuovo:** eine (fabrik-)neue Schallplatte

17

18

□ Di chi è questa macchina?
■ È mia.
□ Ma da quando hai una nuova macchina e così grande? L'hai comprata ora?
■ Ce l'ho soltanto da due settimane. È stata un'occasione. Conosco uno che lavora in una officina dell'ALFA dove capita ogni tanto una buona macchina usata.
□ Sembra proprio nuova.
■ Ha fatto 24.000 chilometri.

19

□ Hai fatto ieri tutti gli acquisti per il viaggio?
■ Sì, sono stata fortunata, ho trovato alcune cose che stavo cercando da qualche settimana, e pure a buon prezzo.
□ Per esempio?
■ Ho comprato i pantaloni, due camicette bianche e una gonna blu.
□ Che tipo di pantaloni hai preso?
■ Grigi e molto leggeri. Proprio come li volevo.
□ Dove li hai trovati?
■ Nella boutique dirimpetto al cinema Gloria. Al momento c'è una scelta eccezionale.
□ Forse dovrei passare anch'io.
■ I pantaloni però erano troppo larghi. Ho dovuto farli stringere un po', potrò ritirarli dopodomani. Perché non vieni con me mercoledì?
□ Mercoledì pomeriggio mi andrebbe molto bene. Vorrei tanto trovare una bella giacca per la mezza stagione.
■ Allora vengo a prenderti a casa tua alle tre. Va bene?
□ Benissimo. Ciao.

20

Bella come una Polo, forte come una Volkswagen.

È bella, come tutto ciò che è funzionale. Lunga soltanto 366cm, è agile nel traffico e facile da parcheggiare. Ma è anche confortevole nei lunghi viaggi. Con un abitacolo accogliente, cinque comodi posti e un vano bagagli di 294 litri che può essere ampliato fino a 1170 litri, ribaltando il divano posteriore. E con il suo robusto elastico motore di 1050cmc a bassi consumi e una velocità di crociera di 135 chilometri l'ora.

VOLKSWAGEN c'è da fidarsi.

Pluralbildung einiger Adjektive:

bianco:	pantaloni bian**chi**	eine weiße Hose
ricco:	sono ric**chi**, sono ric**che**	sie sind reich
largo:	queste gonne sono troppo lar**ghe**	diese Röcke sind zu weit
grigio:	provi queste due camicette gri**gie**	probieren Sie diese beiden grauen Blusen an!
serio:	sono affari ser**i**, sono cose ser**ie**	das sind ernsthafte Angelegenheiten

21

Pistoia, 15 marzo 1986
38, via San Felice

Mia cara Simonetta,

come vedi dal mio nuovo indirizzo ho cambiato casa. Finalmente sono riuscita a trovare casa qui a Pistoia. Non ti dico quanta fatica mi è costata trovare qualcosa a un prezzo accessibile. L'appartamento non è lontano dall'istituto, così posso andare al lavoro a piedi. Non è troppo spazioso, ma per me sola basta: due stanze, una cucina piccola piccola e un bel bagno. Appena finirò di sistemare le cose essenziali verrai a trascorrere un paio di giorni da me. Non vedo l'ora di mostrarti come mi sono sistemata. Sono sicura che ti piacerà.

Affettuosamente

Loriana

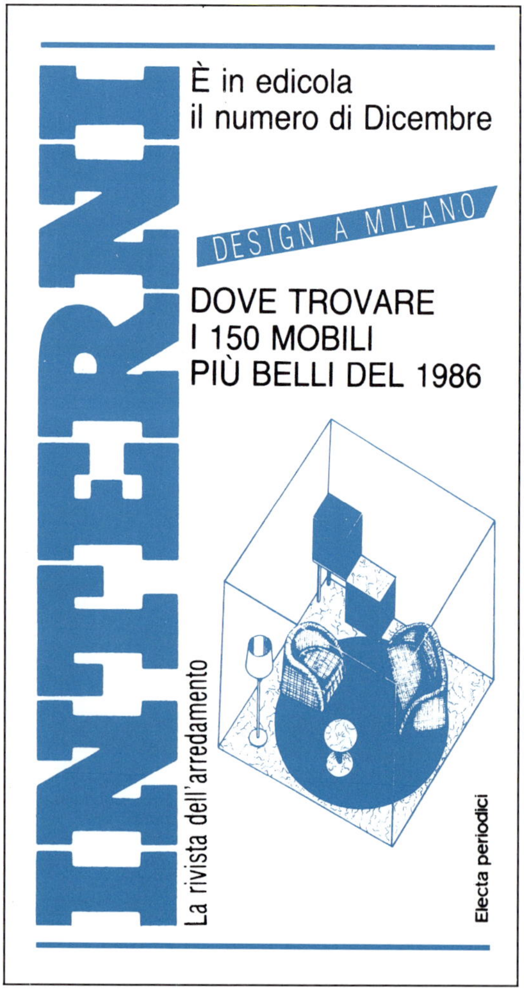

22

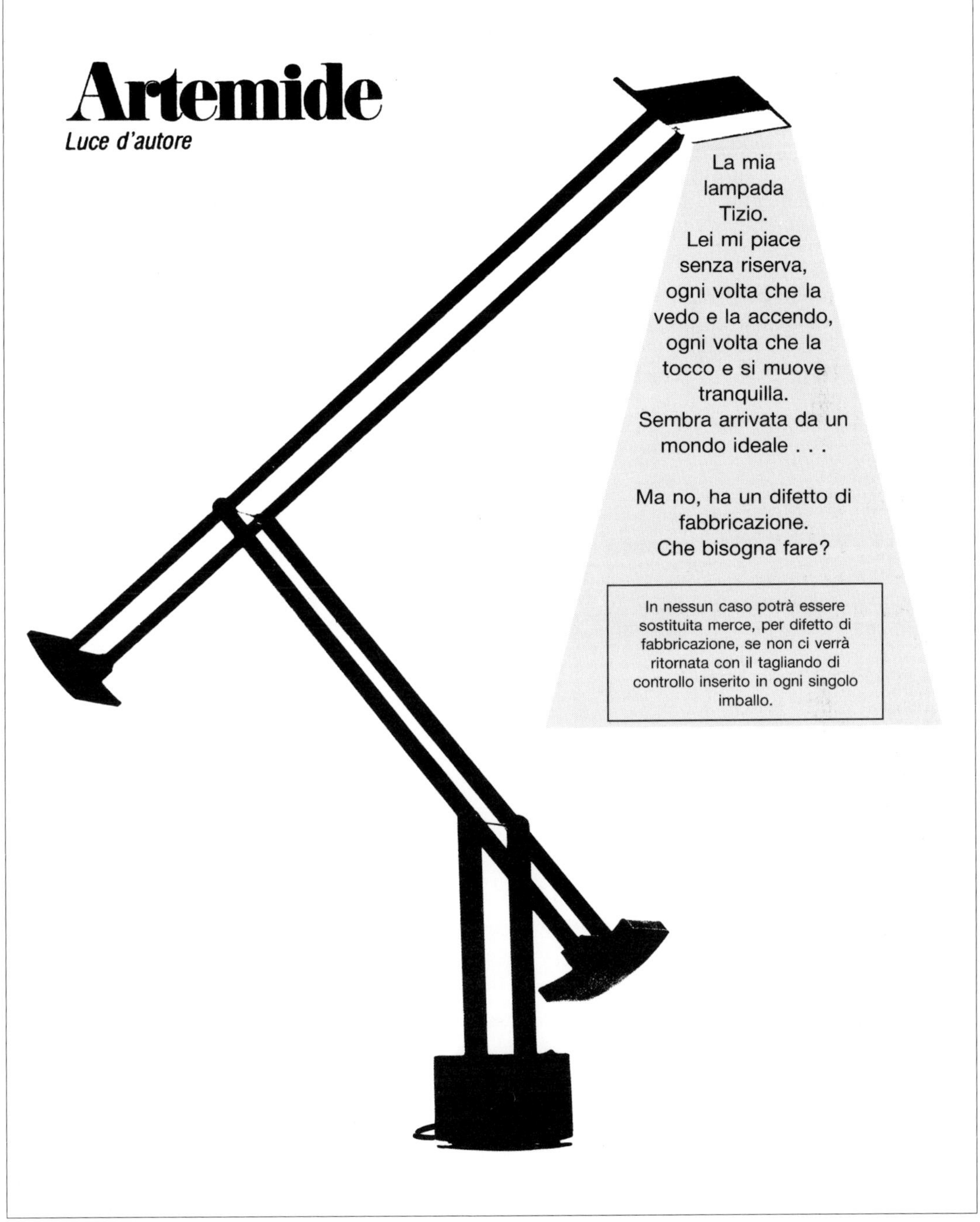
Artemide
Luce d'autore
La mia lampada Tizio.
Lei mi piace senza riserva, ogni volta che la vedo e la accendo, ogni volta che la tocco e si muove tranquilla.
Sembra arrivata da un mondo ideale . . .
Ma no, ha un difetto di fabbricazione.
Che bisogna fare?
In nessun caso potrà essere sostituita merce, per difetto di fabbricazione, se non ci verrà ritornata con il tagliando di controllo inserito in ogni singolo imballo.

23

Un' intervista all' attrice Monica Vitti che abita in una casa sospesa sul Tevere a Roma

- Non ha mai pensato di cambiare casa?
- No, mai. E poi perché dovrei farlo? Non ho ancora finito di sistemare questa come potrebbe venirmi in mente di cominciare ad arredare un' altra?
- Cosa è che manca ancora alla sua casa?
- Mancano le tende nella mia camera da letto e un paio di mobiletti che ho in mente da tempo ... In realtà non è vero che io voglio avere una casa completa: mi piace l' idea del non finito, del provvisorio. L' ordine, quando è un ordine totale, gelido, efficiente, mi dà l' angoscia, perciò credo proprio che non finirò mai del tutto di sistemare questa casa. ...

da: *La Stampa*

4

Ha già visto il nuovo appartamento di Giovanna / Roberto / dei Ceccarelli
Il suo conoscente le ha / i suoi amici le hanno già mostrato la loro nuova casa
Dove si trova
Com'è
Le piace

?

Sì, consiste in cinque vani e servizi.
è grande, spazioso/-a, piccolo/-a, bello/-a.
con riscaldamento / senza balcone / terrazza.
al pianterreno, al primo / secondo / terzo piano.
La cucina è ...
Il bagno è ...
Il salotto mi piace molto, perché ...
Secondo me la camera da letto ...
Non c'è lo studio per ...
una stanza per i bambini.
l'ascensore.
L'affitto è abbastanza alto / non è alto.
Si trova al centro / in periferia / in un villaggio / vicino a ... / non lontano da ...
Non me l'ha / hanno ancora mostrato / mostrata.

24

Case di campagna

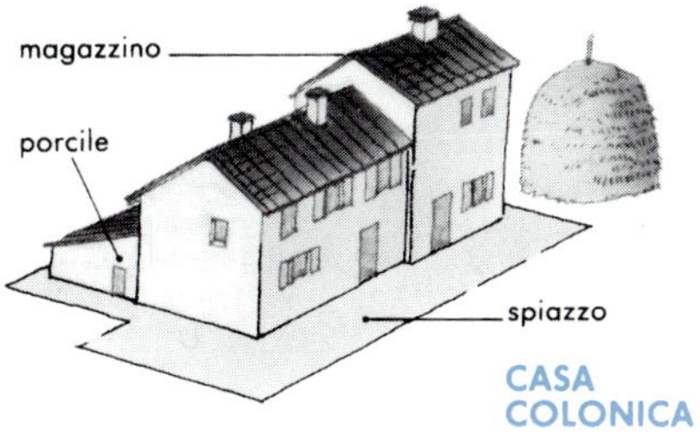

CASA COLONICA

Le case di campagna sono in genere abitate da una sola famiglia. Spesso sono circondate da un giardino e sorgono in mezzo ad un prato, o hanno un cortile. Il materiale di cui sono fatte varia secondo la regione in cui sorgono, per cui possono essere di mattoni o di pietra, di legno o di cemento.
Tra le abitazioni di campagna, tipica è la casa colonica. Essa è di solito costituita da un fabbricato piuttosto grande a due piani.

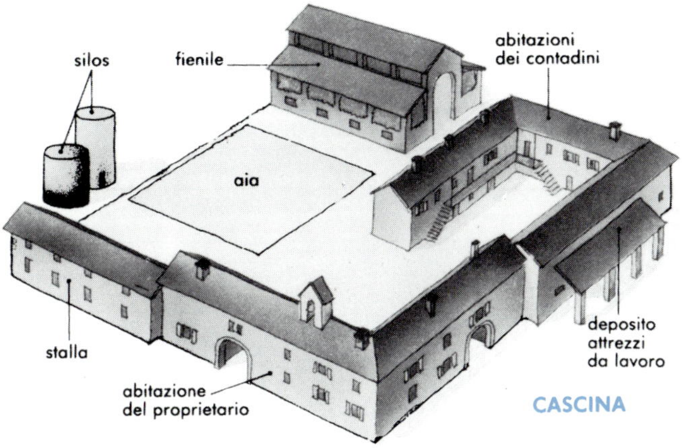

CASCINA

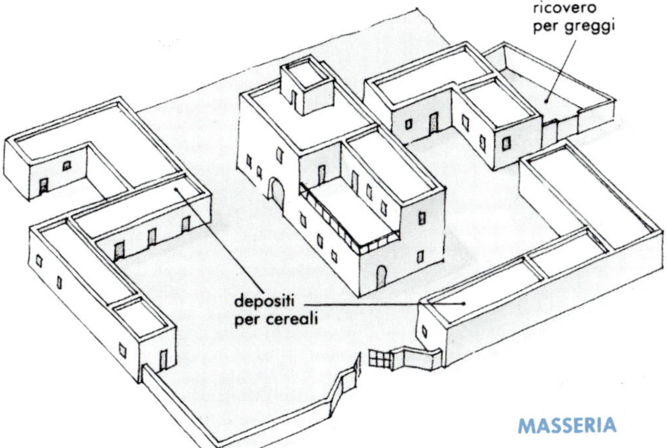

MASSERIA

25

Un'opera ardita

Secondo i dati del progetto distribuiti alla stampa, il ponte avrà tre corsie per ogni senso di marcia e doppi binari. Le torri saranno alte 400 metri

Una campata lunga tre chilometri

Lunghezza:	mt. 3.300
Altezza sul mare:	mt. 80
Larghezza impalcato:	60 metri
Per ogni direzione:	n. 3 corsie di mt. 3,75 per automezzi + emergenza doppi binari con corsia di servizio
Peso impalcato:	125.000 tonnellate
Peso torri:	110.000 tonnellate x 2 = 220.000 tonnellate
Peso cavi:	275.000 tonnellate

Nel disegno di Dario Mellone il progetto definitivo del ponte di Messina

Il primo documento consiste in una nota del censimento del 1760 dove è annotato il nome del proprietario, Nicola della Maddalena, greco. Ma certamente il Caffè del Greco esisteva già da alcuni anni perché Giacomo Casanova nelle sue «Memorie» racconta il primo ingresso che fece nel «Caffè di strada Condotta» quando, nel 1742, vi entrò al seguito di amici romani.
Dal 1779 Johann Heinrich Tischbein e Karl Moritz lo frequentavano regolarmente insieme al loro grande amico Wolfgang von Goethe.

La mondanità, i colori, un cielo perennemente azzurro, le caratteristiche costruzioni arroccate una sull'altra fanno di Positano uno dei luoghi più suggestivi della Costiera Amalfitana.

D'inverno, quando Venezia riacquista la sua dimensione più autentica e antica, è possibile concedersi una pausa allo stress quotidiano in un ambiente che conserva intatto il suo ritmo naturale, d'altri tempi. A voi vivere questo magico periodo.

Guerriero: statua in bronzo di Riace (sec. V. a.C.), Reggio Calabria, Museo della Magna Grecia.

Fatti e avvenimenti

26

Nel 1968 nella valle del Belice, in Sicilia, c'è stato un terremoto che ha distrutto tutto. Il Parlamento fece una legge e il governo promise che avrebbe ricostruito tutto.
Il tempo è passato, ma non è stata costruita neanche una casa.

Dal giornale-radio del 17 nov. 1970

27

Va in scena il dramma di Fassbinder – Il contestatissimo dramma di Rainer Werner Fassbinder, *La spazzatura, la città e la morte,* la cui prima mondiale è stata impedita il 31 ottobre scorso a Francoforte, andrà in scena il 26 gennaio a Kassel, e poi sarà rappresentato in altre cinque città tedesche.

Da: *La Repubblica*

Passiv – zusammengesetzte Zeiten:

Questo fatto **è stato pubblicato da** un quotidiano.
Diese Tatsache ist **von** einer Tageszeitung veröffentlicht worden.
(Urheber der Handlung: ital. **da** ...)

Credo che la porta **sia stata chiusa.**
Ich glaube, die Tür ist geschlossen worden.

In zusammengesetzten Zeiten wird **essere** nicht durch **venire** ersetzt.

28

I carabinieri fanno piangere la sposa

Pochi minuti prima di sposarsi, Mario Mazzilli, di 42 anni, e Vincenza Rinaldi, di 22, sono stati fermati da una pattuglia di carabinieri a Roma. ‹Documenti›. È nata una discussione perché lo sposo si è spazientito temendo di fare tardi. I militari volevano arrestare il Mazzilli per ‹oltraggio a pubblico ufficiale›. Poi hanno concesso ai due di sposarsi. Dopo la cerimonia la coppia si è presentata in caserma. Alla fine ha prevalso il buonsenso e gli sposi hanno potuto festeggiare.

Da: *Il Messaggero di Roma*

29

□ Come facciamo con questa traduzione?
■ La versione definitiva andrà consegnata entro domani.
□ Allora va fatta subito. Chiamo il signor Girardi ad aiutarmi?
■ Sarebbe proprio il caso, perché la cosa è molto urgente.

> *Beachten Sie:*
>
> **Essere** kann durch **andare** ersetzt werden, wenn Dringlichkeit bzw. Verpflichtung betont werden soll:
> I soldi **vanno rimborsati** subito.

30

Top dei consumi: alimentari trasporti, casa e abbigliamento

A fianco, **il grafico che mostra, in percentuale, la spesa della famiglia italiana per categoria di consumo. In testa ci sono gli alimentari seguiti dall'abitazione**

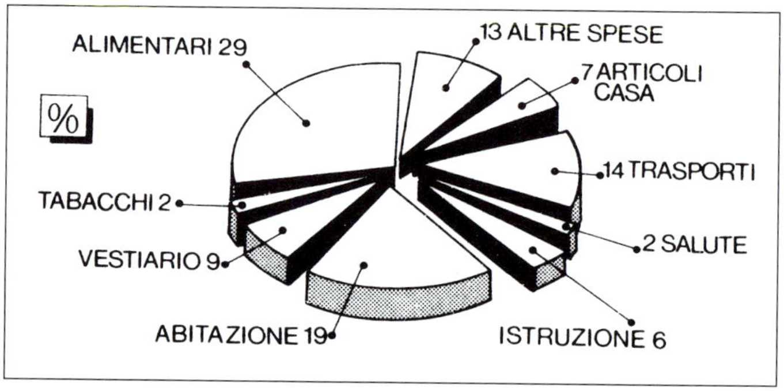

■

Un'opera greco-romana che sappiamo ripetere? Il formaggio.

Non è un mistero che anticamente greci e romani si nutrivano con molto formaggio.

E se lo preferivano ad altri alimenti che noi chiamiamo "nobili" c'è anche una ragione. Una ragione scientifica che scopriamo oggi: le proteine del formaggio (dal 18 al 38%) sono da sempre superiori a quelle di tanti altri cibi.

Il formaggio ci aiuta a vivere.

Fare paragoni 7

Italiani e tedeschi

1

Nel suo libro intitolato *Il giocattolo più grande* (che è il cervello), Lucio Lombardo Radice scrive:
Goethe visse a lungo, dal 1749 al 1832, fu un genio universale: poeta, drammaturgo, romanziere, pittore, ha un posto anche nella storia della filosofia e in quella delle scienze naturali. L'opera sua più famosa quella alla quale dedicò tutta la sua vita, è il *Faust,* una tragedia in dodicimila versi; l'operetta giovanile che lo rese di colpo famoso è invece il romanzo breve *I dolori del giovane Werther,* che finisce con il suicidio per amore del protagonista.

TEATRO DI ROMA
DIREZIONE ARTISTICA MAURIZIO SCAPARRO

Teatro Argentina

DOMANI ore 21 «PRIMA»

CENTRO TEATRALE BRESCIANO
COMPAGNIA DELLA LOGGETTA
in collaborazione con la Biennale di Venezia
e il Comune di Roma

Urfaust
di **Wolfgang Goethe**

traduzione	Mario Specchio
regia	Massimo Castri
scena e costumi	Maurizio Balò
canzoni	Giancarlo Facchinetti

Faust	Pino Micol
Lo spirito	Sara Crescenzo
Wagner	Alarico Salaroli
Lo studente	Piero Farneti
Mefistofele	Virginio Gazzolo
Margherita	Laura Montaruli
Marta	Antonietta Carbonetti
Lisetta	Paola Salvi
direzione artistica	Renato Borsoni

2

□ Guarda, Tommaso, come Silke tiene la sua stanza in ordine. Non potresti prendere esempio da lei?

■ Le ragazze sono spesso più ordinate dei maschi. Poi Silke è tedesca. Come si sa, i tedeschi sono i più ordinati di tutti.

□ Credi? Qui intanto va fatto un po' di ordine prima che arrivino gli ospiti.

3

□ Hai mangiato pochissimo oggi. Come mai? Non ti senti bene o sei nervoso?

■ Non seccarmi sempre con queste tue domande. Non ho niente. Non ho molta fame e basta.

□ È andata male a scuola?

■ Certo che è andata male, anzi malissimo. Ho problemi a capire. Forse mi applico poco.

□ Balle! Il tuo problema è che gli altri sono tedeschi e tu sei appena arrivato dall'Italia. Come puoi capire se non conosci ancora la lingua?

■ Mamma, credimi, i bambini tedeschi sono molto più intelligenti di me, lo vedo, lo vedo ogni giorno.

□ Ah sì? Perché non provi a portarli in Italia dove tutti parlano una lingua che loro non conoscono? Allora ti accorgeresti che la loro intelligenza non è superiore. Abbi pazienza, aspetta qualche mese, poi vedrai che non sei inferiore ai compagni tedeschi.

4

- □ Vedi che ti piace più adesso stare in Germania che non nelle prime settimane quando sei arrivato.
- ■ Sì, sono più contento ora, certo, anche perché ho trovato alcuni amici tra gli studenti tedeschi.
- □ Allora i tedeschi non sono così freddi come si dice spesso in Italia.
- ■ Sai, non credo a questi luoghi comuni. Ovunque ci sono individui di tutti i tipi. Non si può dire che i tedeschi siano meno gentili degli italiani o che gli italiani curino meglio le amicizie.
- □ D'accordo. Dimmi che cosa veramente ti manca qui?
- ■ In Italia c'è più vita. Le strade qui a Erlangen sono deserte il fine settimana.
- □ Questo è vero. Ma tu sei invitato dagli amici o no?
- ■ Sì, sì, mi invitano, non posso lamentarmi.

Ecco come un disegnatore vede il problema delle due Germanie

5

Uno svedese paragona la famiglia italiana a quella dei paesi nordici:

La vita familiare dei paesi latini è al tempo stesso assai più chiusa e assai più calda che al nord. Un invito a colazione o a pranzo in una famiglia nordica non è altro che un gesto di superficiale cortesia offerto anche ad estranei e che non avvicina particolarmente padroni di casa ed ospiti (né se ne sente il desiderio). Essere invitato a casa da una famiglia latina della classe media significa molto di più, e presuppone già una certa intimità, o almeno un desiderio di intimità.

Gunnar D. Kumlien: *Questi italiani*

più o meno – mehr oder weniger

No, di più (di meno).
Nein, mehr (weniger).

Io ne ho di più (di meno).
Ich habe mehr (weniger).
[von einer bestimmten Sache]

Io ne ho molto di più (di meno).
Ich habe viel mehr (weniger).

Io ne ho più (meno) di voi.
Ich habe mehr (weniger) als ihr.

Io non ne ho più.
Ich habe keine (-n / keins) mehr.

Ho visitato più (meno) città che **non** l'anno scorso.
Ich habe mehr (weniger) Städte als letztes Jahr besucht.

6

Alcune considerazioni di Roberto Gervaso, scrittore italiano, sugli italiani e sull'Italia:

- L'italiano non s'organizza: s'arrangia.
- Sono i monumenti ad aver reso grande l'Italia.
- In Italia, la protesta è più rivendicazione di privilegi che di diritti.
- Ci sono tante Italie. E quella vera è la meno conosciuta.

Alcune altre considerazioni valgono anche per noi:

- Il progresso rende la vita più comoda, non più bella.
- Il più bel momento dell'amore è quando ci s'illude che duri per sempre; il più brutto, quando ci s'accorge che dura da troppo.
- Temo più il giudizio mio di quello altrui.
- Credo sempre meno negli altri e più in me stesso.
- Non mi sento superiore ad alcuna donna. A meno che lei non si senta superiore a me.
- La peggiore delle azioni, nel momento in cui la commettiamo, ci sembra la più utile.
- Più ci sentiamo infelici, più lo diventiamo.

Gervaso, R.: *Il grillo parlante*

1

Preferisci andare al ristorante o cenare dai Santini
fare questo o ...
Preferisce telefonare lei o vuole che lo faccia io
Quale vestito / libro di ... / giacca / canzone di ... ti / le piace di più
Quali pantaloni / occhiali / passatempi / scarpe ti / le piacciono di più

Preferisco fare ... / che lo faccia lei / che lo faccia tu.
Mi piace / piacerebbe di più fare ...
Questo qui / questa rossa / quello su ... mi piace di più.
Questi blu / queste nere ... mi piacciono assai / moltissimo.
Quello che mi piace di più è andare ...

Non mi piace nessuno/-a.
Non mi piace né l'uno/-a (e) né l'altro/-a.
Non mi piacciono né gli uni / le une (e) né gli altri / le altre.
Non lo so. / Non ho preferenze.

7

La domanda *chi siamo?* se la pongono molti scrittori italiani:

E come siamo? Vediamolo. Subito ci si trova davanti a due Italie, quella della civiltà immortale, e quella delle sciagure nazionali; quella della cultura, e quella dell'analfabetismo, della miseria, della sconfitta, delle vergogne, delle catastrofi. Due Italie? Forse ve n'è anche una terza, quella che amano i turisti, l'Italia del *fatal charm* che le attribuiva Byron.

Barzini, L.: Gli italiani

Beachten Sie:

Questi jeans sono costati meno di **quelli** di Dino (... weniger als die von Dino).
Dei due ragazzi, **quello** più alto è Paolo (... ist Paolo der größere).
Questo è il più bel libro fra **quelli** che ho letto (... von denen, die ich gelesen habe).
Ho cercato i miei guanti nella nostra macchina e in **quella** di Francesco (und in dem von Francesco).

8

□ Vorrei tanto passare il carnevale a Venezia.

■ Ah sì, anch'io ne avevo tanta voglia. Da anni. Finalmente l'anno scorso sono riuscita ad avere due giorni di tempo. È stato molto bello questo carnevale a Venezia. Non è come in Germania.

□ In che senso?

■ In una città come Mainz o Düsseldorf il carnevale viene organizzato in maniera più collettiva che in Italia. Tutti i club preparano mesi prima le loro attività, le vetture per i cortei e altre manifestazioni. A Venezia invece il carnevale è meno organizzato. È più individuale. Ognuno fa per conto suo.

□ Le maschere non si uniscono in un corteo tutte insieme?

■ No, ogni gruppo di amici va dove vuole, in Piazza San Marco e in altre piazze.

□ Dove si possono incontrare le maschere più belle?

■ Molti veneziani si esibiscono nelle calli o nelle piazze. Il carnevale viene anche festeggiato in casa di amici, in certi palazzi e nei teatri.

2

Come ti / le sembra questo progetto / questo corteo / questa gita / questa poesia ...
sembrano questi quadri / queste manifestazioni ...

È più interessante / meno bello/-a della tua / sua proposta.
di quello/-a di Venezia.
Sono più organizzati/-e / meno importanti degli ultimi / delle ultime.
di quelli/-e di un mese fa.
È il più grande / la più attuale che conosca.
Sono i più brutti / le più stupide che abbia visto.

9

Trionfo di Bacco e Arianna

il più famoso dei canti carnevaleschi di Lorenzo de' Medici (1449–1492):

Quant' è bella giovinezza
che si fugge tuttavia!
Chi vuol esser lieto, sia:
di doman non c' è certezza.
...
Ciascun apra ben gli orecchi,
di doman nessun si paschi;
oggi siam, giovani e vecchi,
lieti ognun, femmine e maschi;
ogni tristo pensier caschi:
facciam festa tuttavia.
Chi vuol esser lieto, sia:
di doman non c' è certezza.
Donne e giovinetti amanti,
viva Bacco e viva Amore!
Ciascun suoni, balli e canti!
Arda di dolcezza il core!
Non fatica, non dolore!
Ciò c' ha a esser, convien sia.
Chi vuol esser lieto, sia:
di doman non c' è certezza.

Steigerung der Adjektive:

Questa notizia è **più importante** di quella pubblicata sul giornale.
(wichtiger)
L'ultimo film è **il più interessante** di tutti i film di Manfredi.
(der interessanteste)
Chiara è **meno simpatica** di sua sorella.
I Simonelli sono **i meno noiosi** tra i nostri conoscenti.

Questo romanzo è **il libro più conosciuto** di Moravia.
Questa è **la trattoria meno frequentata** del quartiere.

Lo zio Umberto è **il fratello più giovane** di mia madre.
. . . der jüngere Bruder, der jüngste Bruder
(Sinnzusammenhang ergibt, ob Komparativ
oder Superlativ).

Un pensiero

★ ***A Beatrice.*** *Anche a seicento chilometri di distanza sei sempre la ragazza più dolce del mondo. Paolo.*

NORD E SUD

Alcuni dati statistici pubblicati da IL TEMPO

10

Il calo delle nascite dell'ultimo decennio ha provocato un curioso fenomeno: sono numerosissimi i giovani tra i 15 e i 25 anni, meno numerose le generazioni della mezza età, pochi i ragazzi sotto i 15 anni.

I bambini. Sono sempre meno, soprattutto nelle regioni settentrionali. Soltanto i piccoli che oggi hanno più di otto anni sono presenti tra le 40 generazioni più «affollate». ▶

11

Aumenta la popolazione nelle province del Mezzogiorno grazie alla più alta natalità e alla diminuzione del flusso migratorio verso il nord industriale.

Cala il Nord, cresce il Sud

% sul totale della popolazione nazionale

	1971	1981
Nord	46,1	45,4
Centro	19,0	19,1
Mezzogiorno	34,9	35,5

12

Avviene o non avviene più?

A MIO PADRE,
emigrato
per ben sei volte
oltreoceano,
che ho conosciuto
all'età di nove anni
e per pochi mesi
soltanto,
prima che morisse
del male contratto
nell'emigrazione.

La dedica di Paolo Cinanni nel suo libro *Emigrazione e imperialismo*

il più bello – bellissimo
i più bei posti d'Italia: die **schönsten** Orte Italiens
hanno una bellissima casa: ... eine **sehr schöne** Wohnung

una famiglia **ricchissima**
un viaggio **lunghissimo**
pochissimi soldi

Oft werden die Superlativformen auf **-issimo** umschrieben: molto interessante, assai intelligente, tanto contento, ipersensibile (sehr sensibel), ultramoderno, nero nero (pechschwarz), stanco morto (todmüde)

13

□ Questo vino è ottimo. Ti piace?
■ Anch'io lo trovo molto buono.
□ Per me è il migliore che abbiamo assaggiato. Perché non ne prendiamo una decina di bottiglie?
▲ Ah, signora, questo è un vino francese carissimo. Assaggiate anche questo Amarone della Valpolicella!
■ È così buono come quello francese. Che ne pensi?
□ Non mi intendo molto di vini. Noto poca differenza fra l'uno e l'altro. Se vuoi potremmo prendere questo.
■ Allora ci dia 10 bottiglie di questo Amarone e 3 di quello francese. Prendiamo anche un nostrano da tavola. Ce l'ha?
▲ Sì, un Montepulciano.
■ No, l'abbiamo preso l'anno scorso. Pessimo per i miei gusti. Non ne ha un altro?
▲ No. Non si preoccupi, lo prenda. Quest'annata è migliore della precedente.
■ Ne prendiamo due bottiglie soltanto.

3

Che ne pensi / pensa di questo caffè
Che ne dici / dice di questi biscotti
di questa poltrona
di queste novità
della nuova collega
dell'ultimo discorso di ...
...

Per me	è dolcissimo / molto amaro.
Per i miei gusti	sono molto / assai / tanto dolci.
La trovo	ottima.
Le trovo	pessime.

14

□ Come è stata la vostra giornata ieri?

■ Grazie, tutto è andato benissimo, soltanto con il ristorante non siamo stati molto fortunati.

□ Perché? Ci sono alcuni ottimi ristoranti nei dintorni del vostro albergo.

■ Sì, ma abbiamo voluto assaggiare un piatto alla bolognese, visto che siamo a Bologna. Abbiamo girato parecchio prima di trovare una trattoria con specialità di questa città. Ma era chiusa, per riposo.

□ Che avete fatto allora?

■ Siamo andati «Da Nello», un locale pugliese.

□ La trovo buona la cucina pugliese.

■ A noi piace di più la cucina del nord.

□ Allora ve li preparo io gli spaghetti alla bolognese.

■ Ottima idea.

Steigerung einiger Adjektive und Adverbien

Adjektive:

buono – migliore – il migliore (der beste) – ottimo (sehr gut)
cattivo – peggiore – il peggiore (der schlechteste) – pessimo (sehr schlecht)

Daneben werden auch die Formen: più buono, il più buono, buonissimo und (seltener) più cattivo, il più cattivo, cattivissimo verwendet.

Adverbien:

bene – meglio (besser) – benissimo oder ottimamente (sehr gut)
male – peggio (schlechter) – malissimo oder pessimamente (sehr schlecht)
poco – meno (weniger) – pochissimo oder minimamente (sehr wenig)
molto – più (mehr) – moltissimo oder assai (sehr viel)

Beachten Sie die Umschreibungen für „am besten" etc.: Questa studentessa lavora meglio di tutte le altre.

15

Vi piacciono queste vignette?

– E allora, Giulia, non è forse meglio così che in quelle gite organizzate, nelle quali si viene tutti intruppati come tante pecore?

4

Prendo questo formaggio o quello
queste mele o quelle altre
...

?

Ti consiglio questo. È migliore.
Questo parmigiano è il migliore che conosca.
Ti consiglio di prendere queste rosse. Sono migliori.
... Sono le migliori che abbia avuto.

Ieri e oggi

16

□ Potrei passare da te all'inizio della prossima settimana per prendere i libri?

■ Dovresti venire prima, perché lunedì non ci sono. Domenica parto.

□ Ma non sei già stato in ferie?

■ Sì. Adesso vado per alcuni giorni dai miei in Calabria. C'è la festa del patrono il sedici.

□ Io da tempo non ci vado più a vedere queste feste paesane.

■ A me piacciono molto. Mi ricordano l'infanzia. Mia madre che prepara i dolci come li ha sempre fatti. Le illuminazioni in piazza e nelle strade principali. Le bande musicali che suonano sempre le stesse marce. La gente che indossa il vestito nuovo. Il passeggio. La processione per le strade del paese. E i soliti fuochi artificiali, la sera, a chiusura della festa. Tutto come sempre.

□ Uh, che noia. Vai vai, divertiti. Quando ritornerai passerò da te.

■ Va bene. Ci sentiremo.

17

□ No! Ho detto no e basta. Non voglio più sentirne parlare.

■ Devi spiegarmi però le ragioni del tuo no perché fra qualche mese sarò maggiorenne e potrò fare quello che mi pare.

□ C'è poco da spiegare, io e tuo padre siamo d'accordo. Non possiamo permettere che nostra figlia se ne vada in vacanza con un ragazzo. Figuriamoci ...! Se penso che io alla tua età non potevo fare neanche una passeggiata sotto casa con un amico.

■ E ti sembra giusto? Tu stessa ti sei sempre lamentata che i nonni ti hanno rovinato la giovinezza con la loro educazione sbagliata. Che cosa vuoi? Che anch'io debba dirti le bugie come le hai raccontate tu per poter uscire di casa?

□ Per carità, sarebbe ancora peggio. Non avrei più fiducia in te.

■ Vedi. E allora mamma, ragiona. Non c'è niente di strano se accetto l'invito di Massimo a passare una settimana in montagna con lui, con i suoi fratelli e altri amici.

□ Forse hai ragione. Ma per me non è così. C'è tanta differenza tra la mentalità di oggi e quella dei miei tempi. Cerca di capire.

■ I tuoi tempi! Mamma, anche questo è il tuo tempo. Le idee dei nonni erano arretrate. Ti hanno resa infelice. Non lo puoi negare.

□ Ne parleremo con papà stasera, vediamo che cosa dice lui.

La situazione è cambiata – in meglio o in peggio?

18

□ Pasquale non si vede più in giro in paese. È andato via anche lui?

■ Non lo sapevi che si è iscritto a medicina?

□ Pure Pasquale! Ma quanti medici ci saranno qui tra una decina d'anni! Ogni volta che torno sento che un ragazzo si è trasferito a Roma per studiare medicina.

■ Ormai è così. Ogni famiglia fra i contadini vuole un figlio medico, almeno uno. Sono disposti a fare qualunque sacrificio pur di avere un figlio medico.

□ Nessuno sceglie ingegneria, legge o altra facoltà?

■ No, solo medicina. È il sogno di tutti.

□ Come è cambiata la situazione in vent'anni! Ti ricordi quando i nostri compagni delle elementari potevano venire a scuola solo quando non c'era da lavorare nei campi?

■ Veramente, un cambiamento così grande in pochi anni!

Un rapporto dell'Isis sullo stato del servizio sanitario nazionale

Due Italie anche per la salute: al Nord gli ospedali al Sud i medici

Da: *La Repubblica*

Wiedergabe von **„als“** bei Vergleichen:
di: eine Eigenschaft – mehrere Personen / Sachen
Marietta è più bassa **di** Gianna. (... kleiner als ...)
I compagni di scuola sono più bravi **di te**. (... tüchtiger als du)
Sono più ricchi **degli** Agnelli.
Il libro è più interessante **del** film.

che: in allen anderen Fällen
Questo ragazzo è più furbo **che** intelligente.
Ero più stanco ieri **che** oggi.
Ho mangiato meno pane **che** formaggio.
Le vacanze sono più piacevoli al mare **che** in montagna.
Uscire con lui è meglio **che** stare a casa.

Wiedergabe von **„wie“** bei Vergleichen:
L'appartamento dei Vedovelli è **(così)** grande **come** quello della signora Alberti. (ebenso ... wie)
La sua amica è **(tanto)** bella **quanto** simpatica.

19

□ Accidenti al traffico! Non si può più respirare nelle strade del centro. I gas delle macchine mi fanno venire il mal di testa.

■ Sono soprattutto i bus che inquinano l'aria.

□ Era molto più bello una volta quando si poteva passeggiare in questi viali senza le lunghissime file di auto.

■ È vero. Bisognerebbe liberare tutto il centro dal traffico. Ma in questo caso ci vorrebbe una metropolitana.

□ E tu credi che la gente lascerebbe le macchine a casa?

■ Almeno i bus non ci sarebbero più. Col tempo la gente dovrà convincersi che la metropolitana è il mezzo di trasporto del futuro.

20

Un tempo erano in pochi a potersi permettere la macchina. Il traffico non costituiva pertanto un problema e si poteva raggiungere facilmente la parte opposta della città prendendo il tram. Già allora però, in città molto grandi, come Londra, gli spostamenti costituivano un problema e fu forse proprio per questa ragione che nel 1863 in quella città fu costruita la prima metropolitana della storia.

Negli anni successivi furono costruite metropolitane in quasi tutte le grandi città del mondo, con poche eccezioni. La prima metropolitana italiana fu costruita a Roma solo nel 1955, mentre quella di Milano fu realizzata qualche anno più tardi. Anche a Napoli esiste una piccola metropolitana.

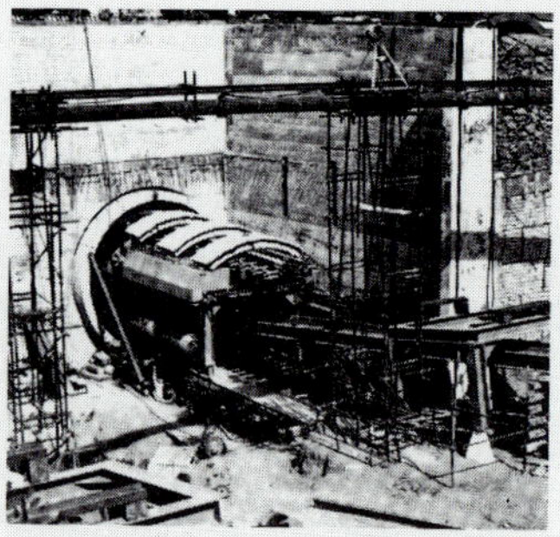

1. Lavori per la costruzione della metropolitana di Roma

Vivere in Italia

21

□ Dove stai andando così in fretta, Elke?

■ Sto andando a fare la spesa.

□ La spesa la puoi anche fare domani.

■ Ti sei dimenticato che domani è festa.

□ No, domani non è festa. Qualche anno fa tutte le feste che cadevano in un giorno feriale sono state spostate alla domenica seguente.

■ Perché?

□ Per farci lavorare di più, visto i deficit così alti.

■ Che è allora questa polemica intorno alla festa del tricolore?

□ Aboliti tutti i giorni festivi la gente ora cerca di introdurre una nuova festa: la giornata della bandiera.

Fratelli d'Italia

L'inno, il tricolore, la festa quella strana voglia di Patria

Ieri a Reggio Emilia è stata festa grande per la "vittoria della bandiera". Il mercato si è svolto in un tripudio di bianco, rosso e verde, una lunga processione di scolari ha circondato le bancarelle, si sono pronunciati discorsi, si son battute le mani, una folla di inviati stranieri e di pullman della Rai ha invaso la città. La festa vera si è svolta poi nel palazzo comunale - gremito - in un'atmosfera eccitata, che solo alcuni anni fa sarebbe stata giudicata improbabile

22

Alcuni dati su *Le donne italiane in cifre,* indagine pubblicata dalla Commissione per l'eguaglianza dei sessi:

Più numerose. Le donne, in Italia, sono il 51,3 per cento, cioè di poco superiori agli uomini. Però la percentuale cambia a seconda della fascia di età, per esempio sono il 48,5 per cento tra i bambini al di sotto dei cinque anni, ma il 63,3 per cento tra gli anziani di 75 anni e più. Nascono più maschi, ma vivono più a lungo le donne.

Lavori più umili. Le donne trovano meno lavoro degli uomini, inoltre nelle professioni ad alto livello sono relativamente poche: fra gli infermieri, il 63,3 per cento sono donne, ma fra i medici specialisti sono donne soltanto il 21,6 per cento.

Meno suicidi. Nel 1984 si sono uccise 891 donne ma 2090 uomini. Tra i suicidi, le donne costituiscono il 29,9 per cento, ma salgono al 55,5 per cento dei tentati suicidi. Maggiore disperazione, dunque, ma minore determinazione.

23

□ Andiamo al cinema a vedere *Chorus Line.*
■ Credi che valga la pena uscire per vedere un film? Prima o poi lo daranno alla televisione.
□ Mi piace di più vederlo al cinema. Lo schermo è più grande e la musica si sente meglio. Sta squillando il telefono. Vai tu?

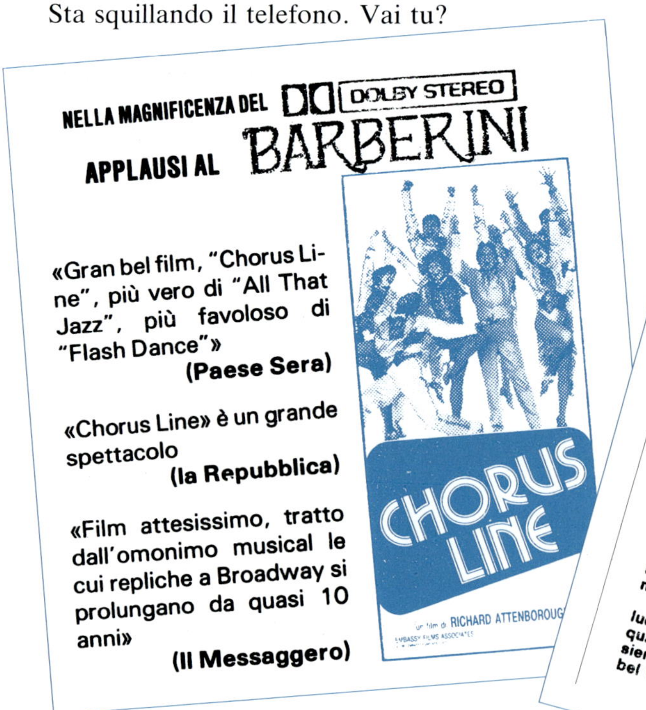

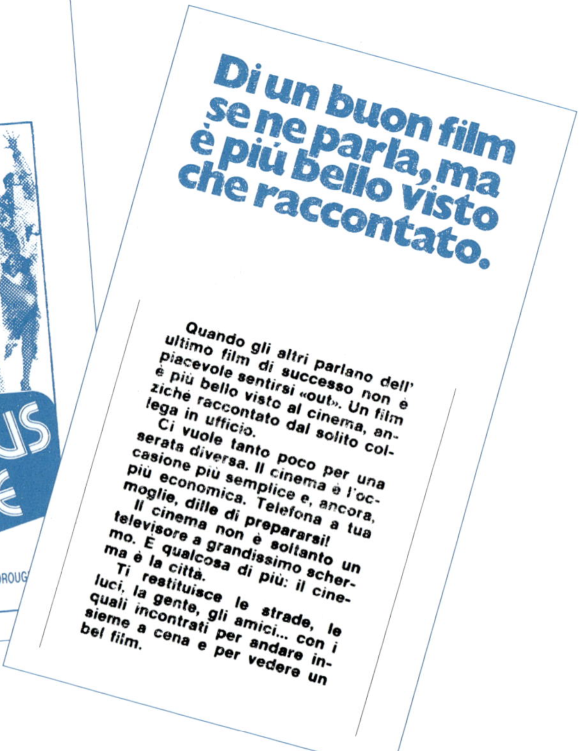

□ Pronto.
■ Ciao, Franco. Che fate questa sera?
□ Stavamo in questo momento discutendo se andare a vedere *Chorus Line* o no. Ma io non ho molta voglia di andare al cinema.
■ Perché non venite con noi a cenare *Dall'Amelia*? C'è Fulvio Anzellotti che presenta il suo nuovo libro.
□ Mica male. Parlo un momento con Laura. Ti richiamo fra un quarto d'ora, va bene?

alto – basso – grande – piccolo

alto	– superiore	– il superiore, il supremo	– supremo (sehr hoch, sehr groß)
basso	– inferiore	– l'inferiore, l'infimo	– infimo
grande	– maggiore	– il massimo	– massimo
piccolo	– minore	– il minimo	– minimo

Steigerung bei (Körper-)Größe und Höhe mit più (und meno): la sedia più bassa, il bicchiere più piccolo.

In übertragenem Sinn: la massima gioia, il minimo sbaglio.
Beachten Sie:
il maggiore (der Ältere, der Älteste), **il minore** (der Jüngere, der Jüngste)
inferiore / superiore a: si sente superiore a tutti.

Una Splendida Vicina
GRECIA
Dove il mare è più blu, la storia è più antica,
la gente è più cordiale e la lira vale di più.

24

□ In che cosa posso esserle utile, signora?

■ Siamo decisi di trascorrere le ferie a Rodi quest'anno, ma non sappiamo ancora che periodo scegliere. Fa molto caldo d'estate su quest'isola?

□ Sì, certo, di più che qui a Milano.

■ Mio marito non sopporta bene il caldo. Che possiamo fare?

□ Sarebbe meglio andare in primavera o in autunno. Veda qui, su questo depliant.

■ Che sono queste cifre?

□ Qui è indicato la temperatura massima e quella minima in vari luoghi della Grecia.

■ Posso portarlo con me? Così decido assieme a mio marito.

□ Senz'altro, signora. Lo prenda pure.

25

E i giovani manifestano

■ Rispetto per noi del '68!

Sciagurati! Voi non domandate altro che di studiare meglio e di più. Per questo tutti vi amano. Vi corteggiano i partiti, i sindacati, i telegiornali, le mamme, i bottegai. Che bravi ragazzi!

Noi invece, razza del '68, volevamo rovesciare la tavola, cambiare tutto a cominciare da noi stessi, dal nostro corpo e dalla nostra mente.

Migliaia di anni luce ci dividono da questi bravi ragazzi. Da questi sciagurati senza rispetto per i propri padri e fratelli maggiori, che hanno sofferto col sangue, con la galera, con la solitudine, la propria radicalità.

Vergogna! È nata una generazione di «Bravi ragazzi». E la nostra sofferenza sta diventando insopportabile.

Alberto B.

IN REGALO: IL COMPUTER DA SCRIVERE
L'Espresso
SCUOLA
SCUOLA
LA SCUOLA BRUCIA
SCORDIA

8 Chiedere e desiderare

Le maniere per ottenere un favore

1

L'ACCENTO SULL'A

Oh fattorino in bicicletta, dove
corri con tanta fretta?
Corro a portare una lettera
espresso
arrivata proprio adesso.
Oh fattorino corri dritto,
nell'espresso cosa c'è
scritto?
C'è scritto: mamma, non stare
in pena
se non ritorno per la cena.
In prigione mi hanno messo
perché sui muri ho scritto col
gesso.
Con un pezzetto di gesso in
mano
quel che scrivevo era buon
italiano.
Ho scritto sui muri della città:
vogliamo pace e libertà!
Ma di una cosa mi rammento
che sull'a non ho messo
l'accento.
Perciò ti prego, per favore, va'
tu a correggere quell'errore.
E un'altra volta, mammina mia,
studierò meglio l'ortografia.

2

□ Puoi farmi un favore, Rosalba?
■ Dimmi.
□ Passando per il centro potresti ritirarmi l'ingrandimento che ho fatto fare dal fotografo dirimpetto a STANDA?
■ Ma certo. Dammi lo scontrino. Devo pagarlo?
□ No. L'ho già pagato. Questo è lo scontrino.

3

□ Che programma hai per il pomeriggio?
■ Ho l'appuntamento con il dottor Dardano per quelle analisi, sai. Ti va di accompagnarmi al centro in macchina?
□ Mi dispiace, non ho tempo.
■ Cosa hai da fare di così importante?
□ Devo scrivere alcune lettere urgenti.
■ E le devi scrivere proprio oggi?
□ Sì. Questa volta veramente non posso accompagnarti.

◀ Rodari, G.: *Le filastrocche in cielo e in terra*

1

Puoi farmi un favore
Posso domandarti un favore
Mi faresti un piacere
Potresti farmi una cortesia

?

Volentieri. Dimmi.
Certamente.
Perché no?

Potresti andare in biblioteca per me?
Ti va di accompagnarmi al centro?
Volevo domandarti di ritirare la mia giacca dal sarto.
Vorrei pregarti di parlare tu con il capo.

D'accordo, ma ...
Sì, va bene, però ...
Mi dispiace, non posso, perché ...
Vorrei, ma devo ...

4

Caro Giovanni,

ho appena saputo della tua decisione di partire per l'Inghilterra la settimana prossima. Sono proprio contento che tu abbia finalmente trovato il tempo per questo viaggio che progettavi da tanto tempo. Vorrei pregarti di un favore. Non sono riuscito qui a trovare il libro di cui ti allego titolo e autore: se riuscissi a trovarmelo a Londra, mi faresti davvero un grande piacere.

Un consiglio: se avrai tempo, vai a visitare Bath. Non è molto lontano da Londra e sono sicuro che ti piacerà. Ti sarà facile raggiungerla dalla stazione di Paddington e ci arriverai in un'oretta di treno.

Salutami tanto la zia Marta. Sperando di avere presto tue notizie ti auguro buon viaggio!

Tuo

Ernesto

5

Il barone prega la baronessa di ...

– Il signor barone presenta alla signora baronessa i suoi omaggi e le chiede di avere l'estrema bontà di voler piantarla!

6

□ Scusi, potrebbe lasciarmi passare avanti? Il mio treno sta per partire ... fra 10 minuti. Mi ero messa in fila davanti allo sportello sbagliato.

■ Prego, signora. Vada pure avanti.

□ Grazie. Ma qui non c'è l'impiegato?

■ Dovrebbe tornare subito. È andato a prendere un modulo.

□ Accidenti! Sempre quando si è in fretta succedono questi inconvenienti.

■ Ma lei potrebbe fare il biglietto sul treno.

□ Anche sul treno per la Germania?

■ Ecco, sta arrivando l'impiegato.

7

□ Oltre al cambio della gomma che dobbiamo fare?

■ Controllate per favore il minimo. Che sia regolato meglio. Ogni volta che mi fermo a un semaforo il motore si spegne.

□ Va bene, signore. Controlleremo. Altro?

■ Non saprei. Veda lei. Vorrei avere la macchina a mezzogiorno. È possibile?

□ Sarà difficile. Abbiamo molte macchine oggi da riparare. Come vede, ce ne sono tante.

■ Devo andare a Bologna e ho bisogno della macchina assolutamente. La prego di farmela entro quell'ora.

□ Faremo il possibile. Ci telefoni verso le 11.

■ Posso contare su di lei?

□ Mi telefoni.

– Bene, bene! Vediamo un po' da dove possiamo incominciare ...

2

Mi farebbe il favore di conservarmi il giornale / la rivista di sabato, perché ...
Potrebbe farmi un favore? Di prendere anche per me due biglietti?
Sia gentile, compri per me il CORRIERE DELLA SERA.
...

?

Lo faccio volentieri. Quando glielo / gliela porto?...
Con piacere. Quali posti desidera? ...
Senz'altro. Dove lo lascio? ...

8

□ Pronto ...
■ Signora Vedovelli, sono io, De Luca.
□ Buon giorno, signora. Come sta?
■ Non molto bene. Volevo dirle che è morto mio cugino.
□ Oh, mi dispiace. Così giovane. Ma di che è morto?
■ In un infortunio. Cadendo da una scala nel giardino, gli si era rotta la colonna vertebrale.
□ Ma come è accaduto?
■ Ah, non lo so nemmeno io. Potrebbe farmi un favore?
□ Sì, dica.
■ Non vogliamo portare Antonio ai funerali. È troppo piccolo. Potrebbe tenermelo lei domani per tutto il pomeriggio? Verrei verso sera a prenderlo.
□ Ho un appuntamento, signora, l'avevo già preso. Però potrei spostarlo.
■ La ringrazio.

Gerundio presente

Andando in ufficio, abbiamo incontrato Carla. (quando?)
Ha trascorso la domenica **dormendo**. (in che modo?)
Sbagliando s'impara.
(con che cosa?)
Avendo impegni di lavoro, i Mazzotta non sono potuti venire. (perché?)

Das Gerundium, das früher häufiger gebraucht wurde als im heutigen Italienisch, ist unveränderlich und steht anstelle von Nebensätzen: **guardando** dalla finestra (mentre guardavo ...), ho visto passare un gruppo di ragazzi. Es bezieht sich im allgemeinen auf das Subjekt des Hauptsatzes.

Pronomen werden an das Gerundium angehängt: lavandosi, ricordandomi, vedendoli, telefonandogli, ringraziandola, dandoglielo;
non potendo farlo oder non potendolo fare (Modalverb mit Infinitiv: beide Stellungen möglich).
Häufig verwendet wird das Gerundium in Verbindung mit stare: sto leggendo.

Un momento di riflessione

Malinconica sorte la mia. Quand'ero ragazzo gli adulti mi tenevano in disparte, e m'era proibito, come cosa sconveniente, dire, su qualsiasi argomento, la mia opinione. Da vecchio, magari m'accadesse il contrario! M'accade purtroppo l'opposto. Vengo tenuto in disparte dai figli, i quali, se proprio non mi proibiscono, mi sconsigliano di esprimere, come cosa assolutamente inutile, la mia opinione su qualsiasi argomento.
Sono sempre vissuto in silenzio, prima coi capelli neri, ora coi capelli bianchi.
Sento spesso i miei figli parlare di me con i loro amici come del «vecchio», del «grigio» e se il primo appellativo non mi rattrista, il secondo sì, perché grigio è peggio che bianco, questo il colore della neve, quello richiama la cenere, una pianura senza più speranza, vi si cammina senza lasciar orme.

Mosca, G.: *Diario di un padre*

Prendere in prestito

9

□ Ciao, Renato, che fortuna incontrarti!
■ Come mai qui? Sei stata in biblioteca?
□ Sì, volevo chiedere due libri in prestito, ma non ci sono riuscita. L'impiegata mi ha dato due schede, una differente dall'altra. Non riesco a capire. Potresti spiegarmi come devo adoperarle?
■ Fammele vedere.

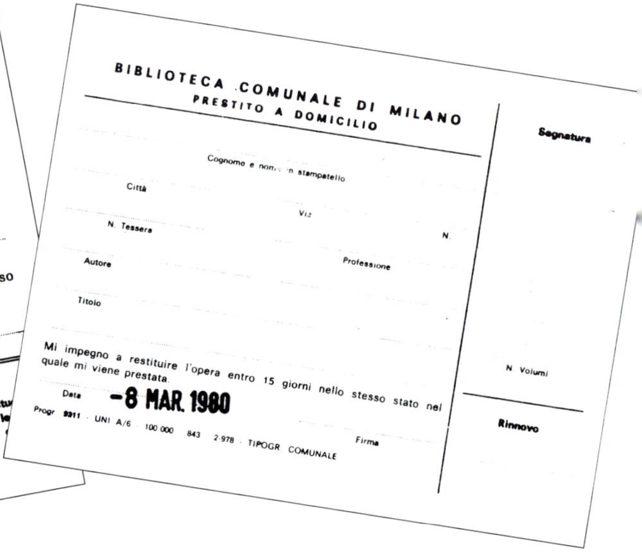

A sinistra, una scheda per la consultazione di libri in sede; a destra, una scheda per la richiesta di libri in prestito.

□ È molto semplice, Ingrid. Questa qui serve per consultare i libri nella sala di lettura. L'altra invece è per prendere un libro in prestito, cioè per portarselo a casa.
■ Ah, ho capito. È possibile portare a casa tutti i libri che si chiedono, o ci sono libri che possono essere consultati soltanto in biblioteca?
□ Sì, le enciclopedie, i dizionari e libri del genere. Questi li devi consultare in biblioteca. Lo stesso vale anche per i libri molto vecchi.
■ Ah già. Ora ne so di più. Mi sei stato veramente utile. Ti ringrazio.
□ Ma niente.

10

□ So che ci tieni tanto ai tuoi dischi, ma ugualmente vorrei che tu mi prestassi quello del concerto a Woodstock. Non conosco nessun'altro che ce l'abbia. Non è più in vendita.

■ Perché non vieni a sentirlo da me?

□ Non è possibile. Domani sera sono invitato da alcuni amici e vorrei fargli sentire questo disco.

■ No, non posso dartelo. Mi dispiace. Perché non vieni da me con il tuo registratore e così lo registriamo su una cassetta? Che ne dici?

□ Ottima idea.

> *Beachten Sie:*
>
> desidero (voglio) che tu **venga**
> desidererei (vorrei) che tu **venissi**

11

Caro professor Petruzzi,

mi scuso per il ritardo con il quale le restituisco il libro che lei mi ha gentilmente prestato alcune settimane fa. Questo ritardo è dovuto a un fatto al quale non ho potuto rimediare.

In un momento di disattenzione da parte mia la nostra piccola Chiara ha rovesciato un bicchiere e l'aranciata è finita sulla copertina. Sono stata in alcune librerie, ma il libro è esaurito, almeno in questa edizione di lusso. È disponibile invece una edizione tascabile. Sono spiacente di non poter farci nulla. La prego di indicarmi lei in che modo posso rimediare al danno.

Chiedendole scusa ancora una volta porgo i più cordiali saluti

Lidia Gualtieri

3

Mi dai		la tua matita	
Mi presti		il tuo ombrello	
Hai		una penna, per favore	
Avresti		un foglio di carta, ...	
Puoi	prestarmi	la tua bicicletta,	se non ti dispiace
Potresti	...	...	

Prendi / prendilo/-la.	Mi dispiace. Non posso dartelo/-la. Ho solo questo/-a.
Tieni, eccolo/-la.	prestartelo/-la. Per ora serve a me.
Certamente.	

Tanti desideri

12

□ Come sarebbe bello se potessi fare un viaggio in America.
■ E perché non lo fai?
□ Avendo speso tanto per l'arredamento della nuova casa non posso affrontare ora questo viaggio. Queste ferie le devo trascorrere qui.
■ Anche qui intorno ci sono bei posti.
□ Sì, sì, conto di trascorrere due settimane da un'amica a Rapallo.
■ Ti auguro di passarle bene.

Gerundio passato

Avendo visto la situazione, decise di andarsene.
Essendo tornate tardi, le amiche non l'hanno incontrato.

Wird das Gerundium mit **essere** gebildet, ist das Partizip veränderlich. In der Umgangssprache ist das **gerundio passato** selten.

13 e 14

DITELO AL DIRETTORE

Scrivete a Federico Andreoli
Via A. Rizzoli 2, 20132 Milano

DOTTORE, MEDICO O «SIGNORE»?

Caro Federico, mio marito (41 anni) ha mille qualità ma anche, purtroppo, il pallino del «dottorato», nel senso che vuole, anzi esige, che tutti lo chiamino dottore. Adesso che siamo al mare, ha piantato una litigata con il bagnino che si ostina a chiamarlo signore. L'altro giorno se l'è presa pure col mio parrucchiere per lo stesso motivo. «Io ho studiato per vent'anni, e ora mi merito questo titolo tanto sudato», dice a tutti. Come fargli capire che a volte si copre di ridicolo con queste manie?

Carla B., Rimini

Spiegandogli che è molto più facile essere un dottore che un vero signore e che, con la sua mania, corre il rischio che qualcuno lo scambi per un medico e che lo svegli nel cuor della notte per chiedergli il rimedio alla sua laringite. Quindi non se la prenda se qualcuno gli fa il complimento di chiamarlo «signore». A me, per esempio, capita il contrario. Premesso che non ho terminato l'università, mi dà comunque fastidio quando qualcuno (posteggiatore, cameriere al ristorante, portiere d'albergo o altri) con l'intenzione di mandarmi in brodo di giuggiole mi chiama dottore o ingegnere o avvocato, mentre sono felice quando qualche altro (ahimè pochi) mi chiama «signore».

15

□ Signora, già di ritorno? Che altro le serve?

■ Si tratta di questo maglione che ho comprato ieri. A casa mi sono accorta che ha un difetto di fabbricazione. Guardi qui.

□ Non è grave, signora.

■ Che vuol dire? Io desidero cambiarlo.

□ Anita, prendi un altro maglione per la signora. La misura 42.

▲ Nel 42 non c'è più niente. L'ultimo l'ho venduto io questa mattina.

□ Mi dispiace, signora. Può cambiarlo con qualche altro modello simile.

■ Li ho già visti ieri. Mi piace questo qui.

□ Va bene. Allora le do un buono. Con questo potrà ripassare fra due settimane. In questi giorni arriveranno i nuovi modelli.

■ No. Altri modelli non mi interessano. E poi, io non sono di qui. Le chiedo di restituirmi i soldi, per favore.

□ Come vuole, signora.

16

☐ Cosa posso offrirti? Un bicchiere di vino?
■ Non hai niente di dissetante?
☐ Acqua minerale o spremuta di limone, che preferisci?
■ Una spremuta di limone, se non ti disturba.
☐ Ma nient'affatto.

Participio presente

un cartello **indicante** (che indica) la deviazione stradale

Das Partizip Präsens kommt in verbalem Gebrauch nur noch selten vor.
Als Substantiv und Adjektiv ist es dagegen häufig:
il **brillante,** il/la **cantante,** il/la **dirigente,** il/la **docente,**
l'**insegnante,** il/la **mittente,** lo **studente** etc.
un posto **invitante,** un tipo **somigliante,** una proposta **convincente,** una storia **commovente,** occhi **lucenti,** bibite **dissetanti** etc.

Un personaggio divertente: il signor Veneranda

Il signor Veneranda sedette al ristorante.

«Il signore mangia?», chiese il cameriere al signor Veneranda.

«Certamente», rispose il signor Veneranda.

«Spaghetti al sugo, risotto, minestra in brodo?», chiese il cameriere leggendo la lista.

«Si capisce», disse il signor Veneranda, «anche arrosto di vitello, salame, prosciutto, pesce, ossobuco, filetti, spezzatini, brasato, eccetera. Adesso è inutile che stia qui a farle l'elenco delle cose che mangio. Mi piace quasi tutto».

«Va bene ma...», balbettò il cameriere, stupito, «io vorrei sapere cosa mangia adesso».

«Adesso niente», disse il signor Veneranda. «Ho già mangiato. Di solito mangio prima di mangiare, dopo mangiato non mangio più. Lei mangia anche dopo mangiato?».

«No ma», balbettò il cameriere che non sapeva più cosa dire. «Le ho chiesto se mangia e mi ha detto di sì».

Il signor Veneranda al ristorante: disegno di Carlo Manzoni.

«Ma certo che mangio!» esclamò il signor Veneranda. «Tutti mangiano. Se non mangiassi creperei. Non capisco perché le fa tanto meraviglia il fatto che io mangio».

«Non mi fa meraviglia», disse il cameriere. «Mi fa meraviglia il fatto che lei non mangia».

«Ma se le sto ripetendo che mangio», gridò il signor Veneranda. «Quante volte glielo devo dire?».

«Allora che cosa vuole?» chiese il cameriere, confuso.

«Niente», disse il signor Veneranda, «assolutamente niente».

«Io non...», balbettò il cameriere che non sapeva cosa dire.

«Be', senta, lasci perdere», disse il signor Veneranda, «si vede che lei ha voglia di chiacchierare».

E il signor Veneranda si alzò e si allontanò brontolando.

(da C. Manzoni, *50 scontri col signor Veneranda*, Rizzoli)

19

Il desiderio di tutti: la salute

□ Se potesse esprimere un desiderio, che cosa sceglierebbe fra questi tre: il sucesso, la ricchezza o la felicità?

■ Nessuno dei tre. La cosa più importante per me è la salute.

4

Mi farebbe molto piacere Mi piacerebbe tanto Vorrei Desidererei Ho voglia di Sarei molto felice di	trascorrere una settimana a.../in... andare a.../in.../da... fare ... avere ... rivedere ... conoscere	E perché non ci vai non lo fai non è possibile ?

Vorrei Desidererei	che Carlo fosse qui. che Luisa m'invitasse a cena. che tu mi rispondessi subito. che voi mi telefonaste dopo le 9 di sera.	Perché non gli telefoni allora? Perché non lo/la inviti tu? Cercherò. Cercheremo.

20

Salute e pubblicità

UNOLCOOP
Raccomandato
da fagioli, carciofi,
peperoni
carote,
melanzane,
pomodori, cavoli,
zucchine, patate,
insalate, trote
uova sode,
minestroni, e
da tutto ciò
che è
naturale.
UNOLCOOP
Olio vero - Olio del cooperatore.

UN MOMENTO DI RELAX

Alboreto o De Angelis? Gli appassionati della Formula Uno sono ormai divisi in due fazioni e tifano senza riserve per l'uno o l'altro dei due campioni in questa fase incandescente del campionato. Proponiamo in questo paginone otto bolidi pronti alla partenza del Gran Premio «Domenica Quiz». C'è molta attesa specialmente tra i quattro «patron» disegnati in basso, proprietari ognuno di due delle vetture in gara. Sapreste attribuire a ciascun proprietario le rispettive macchine?

Un desiderio soddisfatto

21

I LETTORI CI SCRIVONO

"Un concerto fuori dal teatro"

Sono un appassionato di musica e, pur abitando a Roma, avevo dato incarico ad alcuni amici milanesi di fare l'impossibile per procurarmi un biglietto per il concerto che Vladimir Horowitz teneva a Milano il 17 novembre. Ero disposto a qualunque sacrificio pur di ascoltare dal vivo il grande pianista russo-americano che suonava dopo un'assenza di cinquant'anni dall'Italia, ma il biglietto non si è trovato. Allora ho tentato l'ultima carta: ho preso un treno e mi sono recato a Milano per vedere se riuscivo almeno a procurarmi il tanto desiderato biglietto dai bagarini. Inutile. Domenica alle 15, un'ora prima dell'inizio del concerto, ero in piazza della Scala, delusissimo e, devo confessarlo, invidioso dei fortunati che vedevo entrare in teatro. Poi ho sentito dire che, in Galleria, un impianto di diffusione trasmetteva il concerto. Con molte altre persone mi sono incamminato verso la Galleria e lì, nel silenzio generale, ho potuto ascoltare le note magiche di Horowitz come se fossi stato in teatro. Trovo che questa iniziativa sia un segno di grande civiltà perché dimostra che Milano è una città aperta alla cultura, che si sforza di rendere partecipe il maggior numero di persone agli avvenimenti musicali più importanti, dato che il suo maggior teatro, la Scala appunto, ha ancora lo stesso numero di posti che aveva quando venne inaugurato, duecento anni fa. E allora la città contava soltanto centomila abitanti.

Roma, LUDOVICO CORSI

Questa pagina è riservata alle lettere che riceviamo dai nostri lettori. Chi desidera intervenire con commenti, opinioni e proposte, può indirizzare a* Gente, *via Vitruvio, 43 - 20124 MILANO

22

LA BUSTINA DI MINERVA è una rubrica, che appare ogni settimana su L'ESPRESSO, dove Umberto Eco fa le sue considerazioni sugli avvenimenti che più lo colpiscono.

LA BUSTINA DI MINERVA

di Umberto Eco

Come si parla di un genio

Ormai mi succede di frequente. Anche ieri ho aperto la radio e trasmettevano Salieri, ricordando che, come musicista e come uomo, era meglio di quanto ci han fatto credere. È naturale, dopo l'«Amadeus» teatrale e ancor più dopo quello cinematografico, i musicologi celebrano funzioni riparatorie. Sottoposto a esecuzione capitale dallo schermo, Salieri viene gratificato di esecuzione musicale dalla radio, più di quanto non avesse mai potuto sperare: ed è giustizia.

23

... I due «Amadeus» sono delle buone lezioni sulla natura del genio: perché ci mostrano il divario tra momento creativo e vita quotidiana. Siccome noi siamo di solito romantici e filistei, Shaffer e Forman ci insegnano che si può e che si deve apprezzare il genio anche se nella vita privata si mette le dita nel naso, e che siamo snob di massa (preoccupante contraddizione) se il nostro giudizio estetico (o scientifico) viene influenzato da questi particolari banali. Essi non condannano le debolezze di Mozart, ma le nostre.

24

Veniamo ora a Salieri: è evidente che è stato preso a pretesto per mettere in scena la tragedia dell'invidia, e in modo geniale. Perché noi pensiamo di solito che l'Invidioso sia un individuo stupido che odia uno migliore o più fortunato di lui, senza comprenderne l'eccellenza. Impersonata da Salieri l'invidia ci appare invece come qualcosa di più tragico, e vorrei dire più grande. Salieri è così intelligente e onesto da capire che Mozart è migliore di lui, e proprio per questo soffre. Il Salieri della finzione è un personaggio da tragedia greca ...

25

Ma abbiamo il diritto, per costruire un mito, di usare un personaggio storico, il quale per conto proprio ha diritto, come ogni defunto, di essere giudicato in base a ciò che ha fatto, e non in base a ciò che un artista, per quanto grandissimo, gli ha fatto fare?

9 Amare e odiare

L'amore

1

□ Ti è piaciuto il concerto della Giannini?
■ Una cosa da pazzi!
□ E perché? Io invece mi sono divertita molto.
■ Non ci siamo capiti, Ulrike. Si dice: ‹una cosa da pazzi› anche in senso positivo. Vuol dire: formidabile, eccezionale.

2

□ Trovo questo colore stupendo. Ti piace?
■ Preferisco i colori scuri a quelli così accesi come questo. Se ti piace, allora prenditela questa camicetta.
□ È esattamente quella che volevo.

1

Ti piace questo colore / questa ...
Ti piacciono questi ... / queste ...
Ti è piaciuto/-a il film / lo ... / la ...
Ti sono piaciuti/-e i ... / gli ... / le ...

?

Mi piace / mi piacciono	molto.
Mi è piaciuto/-a	un sacco (fam.).
Mi sono piaciuti/-e	un mondo (fam.).

Sono entusiasta.

È / sono carino/-a/-i/-e.
bellissimo / stupendo / favoloso / splendido.
magnifico/-ca/-ci/-che.
fantastico/-ca/-ci/-che.
Non è mica male.
Che carino!
Che bello!
Formidabile!
Eccezionale!
Una cosa da pazzi! (fam.)

Non mi piace per niente.
Non mi è piaciuto affatto.
Che noia!
Che barba! (fam.)

3

- □ Che antipatico! Lo sanno tutti.
- ■ Che vai dicendo? È un ragazzo in gamba, quello.
- □ Sarà in gamba, ugualmente questo tipo non mi va.
- ■ È tanto simpatico.
- □ Per te, che ti sei innamorata di lui.
- ■ Nient'affatto. Lo stimo e basta.

Beachten Sie:

che **vai dicendo?** (Was sagst du da?) Das **Gerundium** in Verbindung mit **andare** drückt (besonders in der Vergangenheit) eine andauernde oder sich wiederholende Handlung aus, z. B.: **Andava chiedendo** a tutti le stesse cose.

4

- □ Hai visto il nuovo fidanzato di Anna Maria?
- ■ L'ho visto. Sembra proprio cotto di lei.

5

Un amore classico

«I PROMESSI SPOSI», romanzo di Alessandro Manzoni, è frutto di attenti studi storici e di una lunga elaborazione.

La storia è ambientata nel XVII secolo. Due giovani di campagna, Renzo Tramaglino e Lucia Mondella, intendono sposarsi, ma il matrimonio è impedito da un signorotto prepotente, Don Rodrigo, che ha messo gli occhi su Lucia e intima a Don Abbondio, il pauroso curato del paese, di non celebrare il matrimonio. Renzo cerca di ottenere giustizia, ma invano: poi, d'accordo con Agnese, madre della promessa sposa, combina un matrimonio a sorpresa. Anche questo tentativo fallisce. Con l'aiuto di un coraggioso frate, padre Cristoforo, i due giovani e Agnese fuggono, e poi si separano: Renzo va a Milano, al Convento dei Cappuccini, mentre le due donne si recano al monastero di Monza, per mettersi sotto la protezione di Gertrude, una monaca di nobile famiglia e grande autorità, ma che in realtà è corrotta e perseguita Lucia, anziché proteggerla. Dopo tante drammatiche vicende Renzo, guarito dalla peste, ritrova Lucia a Milano. Il matrimonio di Renzo e Lucia e il successivo trasferimento degli sposi in un paese del Bergamasco concludono serenamente il lungo romanzo.

6

□ Sai dove Marcella ha conosciuto questa coppia francese? Sono molto simpatici.

■ In Sardegna. Mi ha raccontato che avevano fatto alcune gite insieme e si erano rivisti poi a Marsiglia, l'anno seguente.

□ Ti ha forse detto che fa lui?

■ Quello che fa ora non lo so. Credo, per quanto ho saputo da Marcella, che lui prima aveva insegnato in un istituto tecnico. Perché vuoi sapere tanto di loro?

□ Mia nipote, come sai, vuole approfondire il francese. Si potrebbe prendere contatto con questa coppia, visto che è qui a Torino.

2

Hai visto questi due come si baciano
Hai visto questa coppia
Hai conosciuto il ragazzo / la ragazza di ...
l'amichetto / l'amichetta di ...
il fidanzato / la fidanzata di ...
il partner / la partner di ...
il marito / la moglie di ...

?

Sembrano molto innamorati.
Si vogliono bene.
Si amano.
Lui è molto innamorato di lei.
Lei è molto innamorata di lui.
Lui è cotto di lei. (fam.)
Lei è cotta di lui. (fam.)

È molto gentile.
È in gamba.
È un tipo simpatico.
È una donna affascinante.

Non lo / la trovo molto simpatico/-ca.
Lo / la trovo piuttosto antipatico/-ca.
Non mi sembra (il partner) adatto / (la partner) adatta per ...

7

I quiz

Volete bene veramente?

Dire o pensare di voler bene al proprio partner è spesso un atteggiamento molto più vicino all'abitudine che alla verità. Il test di oggi vuole scavare un po' più a fondo nel vostro rapporto; rispondete con sincerità e scoprite dove pende l'ago della vostra bilancia sentimentale.

❶ La vostra opinione sul fidanzamento è che...
A) deve durare il tempo sufficiente per conoscersi a fondo
B) non importa quanto dura; basta che i due si amino veramente

❷ Secondo voi il grande amore, quello con la A maiuscola, è...
A) come tutti gli altri; se è vero è sempre grande
B) unico ed esclusivo

❸ Giudicate con maggior approvazione una coppia che...
A) passa il tempo al cinema, al teatro, ai concerti
B) passa il tempo a discutere animatamente sul suo rapporto
C) passa il tempo in compagnia di amici

❹ Siete infastiditi da due innamorati che si abbandonano a smancerie in pubblico?
A) un po'
B) si
C) no

❺ Quando siete lontani dall'altro o dall'altra...
A) rivivete mentalmente i momenti felici passati assieme
B) vi dispiace non poter essere felice anche senza

Valutazione

Ecco nell'ordine i punti guadagnati con ciascuna scelta:
❶ 3-1; ❷ 4-2; ❸ 2-3-1; ❹ 3-2-1; ❺ 4-2.
In base al totale raggiunto, ecco il responso:

– **meno di 10 punti:** unione piuttosto fragile basata più sull'egoismo e la debolezza che sull'amore

– **da 10 a 14 punti:** unione fondamentalmente onesta tra persone mature, senza passionalità ma senza trascuratezze

– **più di 14 punti:** amore vero e profondo che pur non garantendo la felicità è fonte sicura e continua di serenità.

Simon

8

□ Pronto ...
■ Sono io ...
□ Che piacere sentirti!
■ Senti, perché non mi hai telefonato come avevamo stabilito?
□ Non sapevo se tu fossi tornato.
■ Ti avevo detto però che sarei tornato venerdì sera.
□ Io invece avevo capito che saresti arrivato qui giovedì e così ti ho chiamato venerdì due o tre volte. Poi ho pensato che ti saresti fatto vivo tu.

Zeitenfolge (correlazione dei tempi)

Nebensätze im **Indikativ**
Verb des Hauptsatzes im **presente:**

so che tu **studi** (gleichzeitig) — Nebensatz: presente
so che tu **hai studiato** — Nebensatz: passato prossimo o imperfetto
(oder: **studiavi** je nach Zusammenhang) (vorher)
so che tu **studierai** (in der Zukunft) Nebensatz: futuro

Verb des Hauptsatzes im **imperfetto** oder **passato prossimo:**

sapevo che tu **studiavi** (gleichzeitig) — Nebensatz: imperfetto
ho detto che tu **avevi studiato** (vorher) — Nebensatz: trapassato prossimo
sapevo che **avresti studiato** (in der Zukunft) Nebensatz: condizionale passato

Un amore marinaro

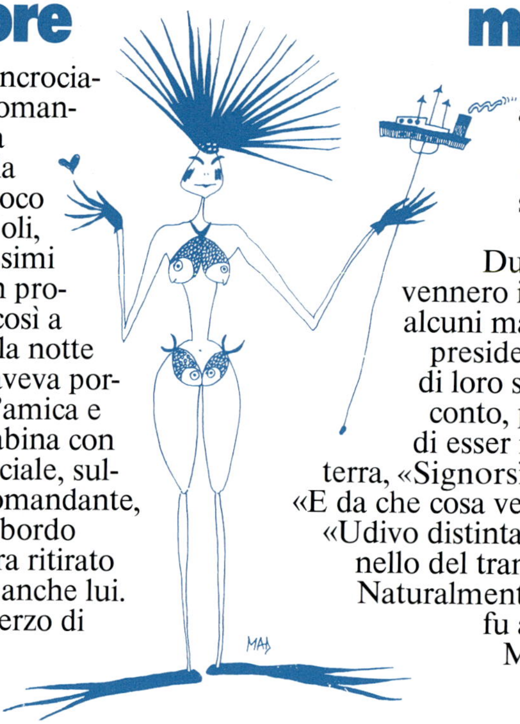

A bordo di un incrociatore, un certo comandante A. andò a cozzare contro la punta Gaiola, poco distante da Napoli, causando gravissimi danni. Segue un processo. Si viene così a sapere che quella notte il comandante aveva portato a bordo un'amica e se ne stava in cabina con lei. Il primo ufficiale, sull'esempio del comandante, aveva portato a bordo un'amica, e si era ritirato ad amoreggiare anche lui. Infine anche il terzo di grado nella gerarchia del comando aveva con sé una donna. Così l'incrociatore era lasciato piuttosto a se stesso.

Durante il processo vennero interrogati anche alcuni marinai. Quando il presidente chiese a uno di loro se non si era reso conto, pur nell'oscurità, di esser molto vicino alla terra, «Signorsì» questi rispose. «E da che cosa ve ne accorgeste?» «Udivo distintamente il campanello del tram» fu la risposta. Naturalmente il comandante fu allontanato dalla Marina e messo a riposo.

Cederna, C.

3

Sai se Mario ha fatto la traduzione
Carla è andata dai Carducci
Sai se ... hanno visto ...
...
sono arrivati ...
...

Mi ha detto che l'aveva fatta già due settimane fa. Ma io non l'ho ricevuta.
Mi ha raccontato che era andata da loro la settimana scorsa, ma a casa non li aveva trovati.
Mi hanno detto che ...

10

□ Come mai non ti ho visto ieri davanti all'ufficio? Volevo invitarti al cinema e dopo magari avremmo potuto cenare insieme.
■ Non lo sapevi che dovevo fare lo straordinario? Mi sembra di avertelo detto.
□ È vero. Me ne ero dimenticato.
■ Che film hai visto?
□ Volevo vedere *L'onore dei Prizzi*. Però senza di te non mi andava di vederlo.
■ Allora andiamo questa sera. Va bene?
□ Benissimo.

11

□ Ho sentito da Maurizio che tu eri in difficoltà. Perché non me ne hai parlato?
■ Non volevo che tu lo sapessi.
□ Che non lo sapessi? Perché non dovevo saperlo? Siamo amici o no?

Zeitenfolge (correlazione dei tempi e dei modi)

Nebensätze im **Konjunktiv**
Verb des Hauptsatzes im **presente:**

temo che tu lo **sappia** (gleichzeitig)	Nebensatz: congiuntivo presente
temo che tu l'**abbia saputo** (vorher)	Nebensatz: cong. passato prossimo
temo che lo **saprai** (in der Zukunft)	Nebensatz: futuro (indicativo!)

Verb des Hauptsatzes im **imperfetto** oder **passato prossimo:**

temevo che tu lo **sapessi** (gleichzeitig)	Nebensatz: cong. imperfetto
temevo che tu l'**avessi saputo** (vorher)	Nebensatz: cong. trapassato prossimo
temevo che tu l'**avresti saputo** (in der Zukunft)	Nebensatz: condizionale passato

Beachten Sie:
In bezug auf die Zukunft steht nach Hauptverben in der Vergangenheit sowohl in indikativischen als auch in konjunktivischen Nebensätzen das **condizionale passato.**

Due lieti fini

Giulia! Sei tornata...
Kartell
Ho bisogno di te, Matteo... Dobbiamo parlare.
A volte, Giulia, si è disperatamente stupidi. Volevo mettere alla prova il tuo amore. Volevo darti la possibilità di scegliere tra me e lui. Ma ho avuto il terrore di perderti...
Parlare di Davide, vero? È successo qualcosa tra voi due... Me lo sentivo.
Se te lo sentivi, perché mi hai lasciata sola con lui?
Non mi hai perduta, non è successo niente, in realtà... Ma non del tutto per merito mio. La nostalgia è una brutta insidia, Matteo.
Ho davvero avuto la sensibilità di un computer, perdonami. Mi ami sempre?
NON HA ESITAZIONI.
Sì. Sei un computer capace di pentirsi: dove lo trovo un altro come te? Oh, Matteo, stiamo insieme: in un laboratorio o in un bosco d'autunno, ma sempre insieme!
FINE

12

Un amore nascente

Avanzava, sfiorando appena il tappeto, una splendida creatura, alla cui vista Sandokan non poté trattenere un'esclamazione di sorpresa e di ammirazione.
Era una fanciulla di sedici o diciassette anni, dalla taglia piccola, ma snella ed elegante, dalle forme superbamente modellate, dalla vita così stretta che una sola mano sarebbe bastata per circondarla, dalla pelle rosea e fresca come un fiore appena sbocciato...
Il pirata, nel vedere quella donna, si era sentito scuotere fino in fondo all'anima. Quell'uomo così fiero, così sanguinario, che portava quel terribile nome di «tigre della Malesia», per la prima volta in vita sua si sentiva affascinato dinanzi a quella gentile creatura, dinanzi a quel leggiadro fiore sorto sotto i boschi di Labuan.

Salgari, E.: Le Tigri di Mompracem

13

NON FIORI MA MERENDE: COSI' LUI TI PRENDE PER LA GOLA

Avendo stabilito: primo, che anche i bambini s'innamorano; secondo, che anche i grandi sono golosi, Nidasio ha creato il Piccolo Mugnaio Bianco, minuscolo personaggio dal grande cuore che ama come si ama oggi (di Silvia Benna Rolandi)

... «Non è forse vero che gli uomini nuovi si occupano più di un tempo di „cose da donne", come si diceva una volta?», dice Nidasio. «È una scelta responsabile ma anche una necessità dei tempi nuovi, con donne sempre più occupate e uomini sempre più consapevoli. Già qualche anno fa, osservando due colleghi illustratori che si occupavano dei figli e della casa, avendo orari più „elastici" delle giovani mogli, avevo inventato il Papamma: un architetto che inventava una culla meccanica, montava grandi specchi sulla casa di fronte per illuminare l'appartamento un po' scuro, studiava le dosi per il biberon e per la pappa... e si divertiva»...

14

Le dichiarazioni impossibili

Anche se pieno di sfumature diverse, il linguaggio degli amanti si somiglia sempre un po'. Eccovi cinque coppie composte da personaggi celebri (reali o immaginari) colte nell'attimo in cui l'uomo rivela il proprio amore. Ogni dichiarazione è stata però attribuita alla coppia sbagliata. Sta alla vostra cultura (letteraria, cinematografica e mondana) restituire ad ogni amante la sua vera dichiarazione.

1) Antonio e Cleopatra

2) Rhett Butler e Rossella O'Hara

3) Sandokan e Marianna

4) Humphrey Bogart e Lauren Bacall

5) Werther e Carlotta

La gelosia

15

□ Che cosa hai, Antonella? Ti vedo tutta giù.

■ Ho trascorso una brutta serata ieri.

□ Come mai? Non volevi uscire con Giuliano?

■ Mi aveva promesso che saremmo usciti insieme, mi sono fatta bella e ho aspettato. Quando non è venuto all'ora stabilita, ho cercato di telefonargli. Niente. Verso le 10 sono uscita da sola e l'ho visto per caso in quella piccola trattoria dirimpetto alla farmacia. Era insieme ad una ragazza.

□ Ti ha visto?

■ Sì, mi ha fatto segno di entrare, ma io mi sono voltata di scatto e sono tornata a casa. Poi si è messo a squillare il telefono. Non ho risposto.

□ Hai fatto male. Molto probabilmente lui voleva spiegarti per quale motivo era uscito con quella ragazza. Perché non provi a chiamarlo questa sera?

■ Ah, no. Non mi importa più nulla.

4

Quando riparerà la moto Milena
andrà dal dentista …
partiranno per Torino gli amici
scriveranno queste lettere …

?

Mi ha detto che l'avrebbe riparata entro questa settimana. Ma non ci credo.
sarebbe andata entro oggi. Vedremo.
Mi hanno detto che sarebbero partiti entro questo mese. Staremo a vedere.
le avrebbero scritte. Speriamo bene.

16

□ Pronto …

■ Ciao, sono io, Sandra.

□ Come va?

■ Bene. E tu?

□ Così, così. Antonella ti ha parlato dei nostri contrasti?

■ Sì, ti chiamo proprio per questo malgrado che io al solito non m'immischi nei rapporti degli altri.

□ Che cosa ti ha raccontato Antonella?

■ Che le avevi promesso che sareste usciti insieme, ma che tu non eri venuto e che ti aveva poi visto assieme ad un'altra.

□ Volevo spiegarle che era stata una cosa

senza importanza, che quella ragazza mi è completamente indifferente. Non mi ha risposto al telefono. Poi sono andato a casa sua e non mi ha nemmeno aperto la porta.

■ E l'appuntamento?

□ Già, l'appuntamento. L'avevo completamente dimenticato.

17

□ Ho parlato con Giuliano, sai?

■ Che ti ha detto, quello scemo?

□ Che aveva dimenticato il vostro appuntamento e che quella ragazza gli è del tutto indifferente.

■ Io questa storia non la bevo.

Indirekte Rede (discorso indiretto)

Nach Verb des Sagens / Fragens im **presente** verwendet man die gleiche Zeit wie in der direkten Rede:

Dice che **è** contento.
Domanda se **era** contento.
Chiede se **sarà** contento.

Nach Verb des Sagens / Fragens im **passato prossimo** (oder anderer Zeit der Vergangenheit):

Ha detto: «**Sono** contento.» – **Ha detto** che **era** contento.
Ha chiesto: «L'**hai fatto?**» – **Ha chiesto** se l'**aveva fatto.**
Ha detto: «Forse **sarà** contento.» – **Ha detto** che forse **sarebbe stato** contento.

Una presentatrice e un avvocato parlano della gelosia

Gelosa? Sì, lo confesso. E senza tanta vergogna. Per me la gelosia non è un tabù, è un moto dell'anima, una forma di espressione della passionalità, del sentimento. Se un uomo non fosse geloso di me sarei persino offesa di tanta indifferenza. Il problema è quello di educarsi alla gelosia, cioè viverla nel modo migliore e meno doloroso possibile. Perché, diciamolo, la gelosia fa soffrire soprattutto chi la prova! Per me però è appunto una forma d'amore. Tanto è vero che nel pubblico non sono affatto afflitta da questa forma di possesso. Non sono gelosa del successo altrui, del danaro altrui, della bellezza altrui... Ma del mio uomo sì!

La gelosia, come l'invidia, è un sentimento che attiene all'istinto del possesso. Si è gelosi perché si teme di perdere il possesso esclusivo di un bene che già si ha o che si è quasi conquistato: una cosa, un affetto, una posizione economica o sociale. Spesso la causa del timore sta nel fatto che un altro (il rivale, il concorrente) tenta di impadronirsi dello stesso bene. Si è, invece, invidiosi quando si desidera, ma invano o con poca speranza, di acquisire un bene che un altro già possiede.
Tanto la gelosia quanto l'invidia, nella loro fase più acuta, possono generare ira e ribellione e quindi provocare situazioni di anti-socialità.

Da: *Gioia*

I CONFLITTI

18

□ Perché non mangi?
■ Quante volte ti ho detto che la carne mezza cruda mi fa schifo! Sembra che tu lo faccia apposta.

Beachten Sie:

Ti ho detto che la carne mezza cruda mi **fa** schifo.
Ti ho detto che mi **secca** trascorrere il tempo libero in uno stadio.
(auch in diesem Augenblick, daher: **presente**)

19

□ Questo caldo in città è insopportabile. Perché non trascorriamo il fine settimana da Alberto e Simona in montagna?
■ Ci vai sola. Io sono impegnato questa domenica. Sarò tutto il giorno al club per le finali del torneo di tennis.
□ Sai che ti dico? Finirò per odiare lo sport. D'inverno non possiamo nemmeno fare qualche viaggetto perché ci sono le partite di calcio. Invece di stare insieme devi andare in giro a fare il tifo per la tua stupida squadra.
■ Ti ho invitato tante volte a venire con me.
□ E io ti ho detto che mi secca trascorrere il tempo libero in uno stadio in mezzo alla folla. Io odio la folla.

20

Lo scrittore Luca Goldoni parla della crisi matrimoniale nel suo libro: *Esclusi i presenti.*

Sulla crisi del matrimonio credo che sia detto e scritto tutto, dalla fatale progressiva usura della convivenza al suo opposto, cioè l'estraneità: l'uomo esce di casa va in ufficio o in fabbrica, la moglie va in un altro ufficio o in un'altra fabbrica, ciascuno non soltanto lavora ma vive nel suo ambiente, fa le sue amicizie di scrivania, di mensa aziendale o di schedina del Totocalcio, ciascuno ha i suoi problemi, i suoi scioperi; la sera rincasano, cenano insieme, hanno poche cose in comune, all'infuori delle rate e delle cambiali; poi vanno a letto e, visto che son lì, possono anche fare l'amore.

Rubriche radiofoniche, saggi e dibattiti straripano di questi temi ma, per quanto ne sappia, si è parlato meno di un altro aspetto: l'iperconvivenza, i coniugi che non si limano soltanto a casa, ma anche in ascensore, in macchina, in una giornata di negozio e poi ancora in macchina, in ascensore, a casa.

Anche Carlo e Alice hanno gli stessi problemi

21

□ Ho ammirato Carlo Mancini ieri sera. Il comportamento di sua moglie è stato una cosa molto sgradevole. Senza alcun motivo si è scatenata contro di lui. Ma lui: come se non fosse successo niente.

■ Mi sono già chiesta perché non divorzia.

□ Probabilmente non lo fa perché i figli non debbano soffrire della separazione dei genitori.

Grundregeln für den Gebrauch des Congiuntivo

Inhalt des Nebensatzes: Zweifel, Furcht
Credo che **vada** a scuola tutti i giorni.
Non sapevo se **fossero arrivati.**
Hauptsatz: Verb des **Wollens, Wünschens (und Gegenteil):**
Desideravo che tu **andassi** a Roma.
Mi era dispiaciuto che non **avessero scritto.**
Außerdem steht der Konjunktiv nach Konjunktionen:
z. B.: sebbene, benché, malgrado che, senza che, prima che, affinché, perché (damit).
Beachten Sie auch:
Spende (spendeva) come se **guadagnasse** il doppio, come se **avesse vinto** al lotto (als ob er das Doppelte verdienen würde, als ob er im Lotto gewonnen hätte).

22

Come alcuni vignettisti vedono il rapporto di coppia

– La mamma viene subito. Intanto, vi faccio ascoltare la registrazione della formidabile lite che hanno avuto ieri sera lei e il babbo!

– Sì, no, sì, no, petalo nullo, sì, no, petalo nullo, petalo nullo, sì, no, sì. Totale petali sì 5; totale petali no 4. Totale petali nulli 3. Totale petali sfogliati 12; totale petali esistenti 10. Risultato: sì.

– Io non penso che a te, e tu?

– L'ho conosciuto tempa fa, ma ora mi è completamente indifferente!

– Non cercare di cambiare discorso. Ti ho chiesto com'è che sei tornato così presto dall'ufficio!

5

Carlo ha parlato con il capo
Luisa è partita
I figli dei Mazzini hanno fatto il servizio militare
Le tue amiche sono andate in ferie

?

Credo che non l'abbia ancora fatto.
Non so se sia già partita.
Non credo che l'abbiano fatto.
Mi sembra che siano partite.
...

LA SEPARAZIONE

Un disegno di Wieslaw Rosocha.

23

Nel romanzo *Le voci della sera* Natalia Ginzburg descrive la rottura di un fidanzamento ...

– Sono venuta a restituirti l'anello, – dissi.
E lo trassi di tasca, piccolo, con una piccola perla, l'anello che lui m'aveva dato, e che era appartenuto a sua madre, la signora Cecilia.
Lui lo prese, lo posò sul tavolo.
– Non vuoi più sposarmi, – disse.
– No, dissi. – Come puoi pensare che voglio ancora sposarti, dopo le cose che ci siamo detti ieri?
– Ieri, – lui disse, – ero depresso, ero pessimista, forse mi sentivo venire la febbre.
– Però certo, – disse, – hai ragione, è meglio così.
Io mi guardavo attorno. Dissi:
– Avevo immaginato tutto, con troppa chiarezza. Avevo immaginato te e me, qui, in questa stanza, in questa casa. Avevo immaginato tutto, con una tale precisione, fino ai minimi particolari. E quando si vedono le cose future con tanta chiarezza, come se già stessero succedendo, allora è segno che non devono succedere mai.

24

... e le chiacchiere della gente

Dissero, in paese, molte cose. Dissero che io avevo lasciato il Tommasino perché, andando alla Casa Tonda di primo mattino, l'avevo trovato a letto con la figlia della Betta, che ha solo quindici anni.
Dissero che l'avevo lasciato perché mio padre, nella sua qualità di notaio, aveva scoperto che la situazione della fabbrica pericolava.
Dissero che lui m'aveva lasciato, perché io avevo troppi amanti.
Dissero che m'aveva lasciato perché s'era accorto che prendevo, insieme al Gigi Sartorio, la morfina.
Andai, per qualche mese, a Lambrate, dalla sorella del cugino Ernesto... Quando tornai da Lambrate, in paese già non parlavano più di me e del Tommasino.

Ginzburg, N.: *Le voci della sera*

Il divorzio

25

Due ritagli da L'Espresso *sulla questione dei separati:*

E VISSERO DIVISI E CONTENTI

di PAOLA PILATI

Nei confronti del divorzio gli italiani mantengono una certa prudenza, quasi una avversione. Invece si separano in buon numero, spesso di comune accordo; non riescono tuttavia a liberarsi di ambigui legami...

26

DIVORZIARE PRIMA DIVORZIARE MEGLIO

di PIER VITTORIO BUFFA e PAOLA PILATI

Dieci anni dopo il referendum, la legge appare ormai troppo spesso superata, complessa, a volte perfino ingiusta. È tempo di cambiarla. Molti partiti sono d'accordo. Ecco quali sono i problemi da affrontare e le soluzioni proposte

27

Eppur si sposano...

STATISTICA

Quanto vivremo?

Nonostante tutto il male che si suol dire del matrimonio, è dimostrato che le persone sposate vivono in genere più a lungo di quelle che vivono sole.

Prendere posizione II 10

Lo Stato e i partiti

1

Ordinamento dello Stato: Lo Stato italiano è una repubblica a democrazia parlamentare a suffragio universale.
Il Parlamento si compone di due Assemblee, la Camera dei Deputati e il Senato della Repubblica.
Lo Stato è suddiviso amministrativamente in 20 Regioni, 95 Province, 8086 Comuni. Quindici Regioni sono a statuto ordinario e cinque a statuto speciale che godono di una particolare autonomia.
L'Italia aderisce al Patto Atlantico e alla Comunità Economica Europea (CEE).

Lo stemma della Repubblica italiana.

2

□ Che stai leggendo, Thomas?

■ Sto consultando un libro di educazione civica. Voglio conoscere l'ordinamento dello Stato italiano. Il libro però non spiega molto.

□ Che vuoi sapere?

■ Qui c'è scritto: «Il Parlamento è costituito dalla Camera dei deputati e dal Senato; i loro membri – 630 i deputati e 315 i senatori – sono eletti ogni cinque anni a suffragio universale dai cittadini.» Ecco, non ho capito per esempio qual è la funzione del Senato.

□ Una proposta di legge viene prima discussa e approvata dalla Camera dei deputati. Poi passa al Senato che a sua volta la discute. Il Senato può anche respingere il disegno di legge. Spesso i senatori apportano delle modifiche alla legge. In questo caso la rimandano alla Camera.

■ Se ho capito bene, il Senato ha una funzione di controllo ...

□ Sì, si potrebbe dire così.

■ ... e può anche bloccare una legge per molto tempo.

□ Infatti, è ciò che accade di frequente.

3

REPUBBLICA ITALIANA
POTERE GIUDIZIARIO
POTERE ESECUTIVO
FINANZE
PUBBLICA ISTRUZIONE
AGRICOLTURA FORESTE
DIFESA
PRES. D. CONSIGLIO
POTERE LEGISLATIVO
PRESIDENTE DELLA REPUBBLICA
CAMERA DEI DEPUTATI
CAMERA DEI SENATORI
URNA

Montecitorio e Quirinale

QUIRINALE. Dimora dei papi dal 1582 al 1870, poi residenza ufficiale dei re d'Italia, ospita il capo dello Stato dal 1948. Il palazzo, ideato dall'architetto Flaminio Ponzio nel 1574 e ampliato nei secoli successivi, ha settecento stanze ed è aperto al pubblico ogni giorno feriale, dalle 14 alle 16.

I corazzieri. Sono circa duecento e devono essere alti almeno un metro e novanta.

Il Palazzo di Montecitorio, Sede della Camera dei Deputati.

4

Un partito che non cambia

5

□ Ieri, come hai trascorso il pomeriggio?
■ Ho partecipato a un comizio in piazza Duomo. Ma non mi sono chiare alcune cose.
□ Che cosa?
■ Hanno parlato dei partiti laici. Cos'è un partito laico?
□ Tu sai che cosa vuol dire «laico»?
■ Sì, è il contrario di religioso.
□ Ecco, i partiti laici sono i partiti che non si ispirano al cattolicesimo, come per esempio il PCI, il PSI soprattutto.
■ Allora la Democrazia Cristiana non è un partito laico.
□ Esatto.

6

□ E che altro non hai capito?
■ Il pentapartito. Cos'è?
□ Il pentapartito è una coalizione formata da cinque partiti. In Italia nessun partito ha mai avuto la maggioranza assoluta, per cui i governi sono stati sempre formati da coalizioni su proposta del partito di maggioranza relativa.
■ Allora come mai che il leader di un piccolo partito è diventato capo del governo?
□ Sì, è il caso dell'attuale primo ministro di un partito che possiede soltanto il 10 per cento, secondo le ultime elezioni politiche.

1

Mi hai detto che sei andato/-a al comizio del PRI,
del ...
congresso delle femministe
convegno degli ecologisti
dibattito sindacale
alla manifestazione dei pacifisti

beh, che te ne pare

?

La relazione del segretario del partito non mi è sembrata incisiva.
del sindacato
del deputato ...
della deputatessa ...
...

Più interessante è stato invece l'intervento di un professore di sociologia.
sindacalista di Milano.
giudice di Palermo.
una femminista inglese.
...

7

L'arte di governare

8

Forze dell'ordine

Polizia di Stato, Carabinieri, Guardia di Finanza e Vigili Urbani, ciascun Corpo per la parte di sua competenza, sono al servizio anche del cittadino straniero per consentirgli un tranquillo e piacevole soggiorno.
Il controllo dei documenti di identificazione e in genere tutte le competenze di carattere amministrativo sono svolte dalla Polizia che è presente nei porti, negli aeroporti, nelle stazioni ferroviarie e alle frontiere, sulle strade e autostrade con le varie specialità che vanno sotto i nomi di Polaria, Polfer, Polstrada e Polmare.
Nell'interno del paese la presenza capillare di quasi 5000 stazioni dei Carabinieri costituisce tutela, controllo e rispetto delle regole del vivere civile.
La Guardia di Finanza, oltre alle funzioni di polizia doganale, svolge all'interno del territorio prevalenti servizi di polizia fiscale ed espleta anche, lungo le coste, servizi di polizia marittima e di soccorso.
In Italia il rispetto della legge è assicurato, per tutti coloro che si trovano sul territorio nazionale, dalla Polizia di Stato e dai Carabinieri.
Mancanza della carta verde, eccessi di velocità, sia nei centri urbani che sulle autostrade, guida in stato di ebbrezza e in genere le infrazioni al codice della strada, sono sanzionate anche in Italia così come avviene in tutti i paesi del mondo. La loro violazione è contestata dalle Forze dell'Ordine che provvedono anche a determinare la relativa sanzione. Le più frequenti sono le sanzioni pecuniarie che, in genere, possono essere pagate subito, direttamente all'agente che le contesta, in valuta italiana. In tal caso il codice della strada vigente in Italia prevede una riduzione di un terzo circa dell'importo da pagare.

Per lo smarrimento di documenti o altro ed in caso di furti, scippi o altre malversazioni la relativa denuncia deve essere presentata al posto di Polizia o alla stazione dei Carabinieri più vicini. Il numero telefonico 116 può indicarvi dove si trova il posto di Polizia più vicino al luogo ove vi trovate. Se desiderate ottenere copia ufficiale delle vostre dichiarazioni ai fini, ad esempio, assicurativi, la denuncia deve essere redatta in carta da bollo, attualmente del costo di L. 3.000, che può essere acquistata presso le "tabaccherie" autorizzate. Queste sono negozi individuabili per l'insegna, eguale su tutto il territorio nazionale, posta al loro esterno. L'insegna è costituita da una T bianca su campo nero o viceversa.

Nelle città italiane, la Polizia urbana (i "Vigili Urbani") è preposta soprattutto a regolare la viabilità cittadina. I Vigili sono in grado di fornire utili informazioni e nelle grandi città alcuni di loro hanno la qualifica di interprete riconoscibile dai contrassegni (bandierine corrispondenti alla lingua conosciuta) apposti sulle uniformi. Rivolgetevi a loro con fiducia: vi risponderanno con cortesia e competenza.

9

E poi c'è anche la mafia

La definizione di «mafia» secondo il dizionario Zingarelli:

Organizzazione criminosa, sorta in Sicilia nella prima metà del sec. XIX, pretendendo di sostituirsi ai pubblici poteri nell'attuazione di una forma primitiva di giustizia, che si regge sulla legge della segretezza e dell'omertà e che ricorre a intimidazioni, estorsioni, sequestri di persona e omicidi allo scopo di proteggere interessi economici privati o di procurarsi guadagni illeciti.

Viene assassinato a Catania
il giornalista Giuseppe Fava

Gennaio '84

Padroni e dipendenti

10

In Italia le prime leghe di resistenza (degli operai tipografi) sono del 1860. Verso la fine del secolo, le leghe trovarono il loro organo di collegamento nelle Camere del Lavoro, fondate allora per iniziativa del Partito Socialista ...
Alla caduta del fascismo, nel 1943, le Camere del Lavoro si ricostituirono, e nel 1944 per accordo fra i dirigenti delle principali correnti sindacali fu creata la Cgil (Confederazione Generale Italiana del Lavoro) che raccoglieva in una unica organizzazione i sindacati di tutti i settori di lavoro. Nel 1948, le correnti sindacali cattolica e repubblicana si staccarono dalla Cgil, costituendo insieme nel 1950 la Cisl (Confederazione Italiana Sindacati Lavoratori). Nel 1949 ci fu un'altra scissione: i socialdemocratici e i repubblicani che erano rimasti nella Cgil, ne uscirono dando vita alla Uil (Unione Italiana del Lavoro).

11

□ Fai parte di un sindacato?
■ Sì, sono iscritto al sindacato scuola. Però, ho già pensato di uscirmene perché sono spesso in disaccordo con le loro decisioni.
□ In che senso?
■ I dibattiti durante le ultime riunioni si sono svolti sempre intorno agli stessi slogan. I nostri sindacalisti non difendono i diritti della base, ma fanno certi giochetti per salvaguardare il loro potere.
□ Scusa, Dario, come fai a dire questo? È un'accusa grave. Devi riconoscere che i sindacati fanno molto per migliorare la condizione dei lavoratori.
■ Credi che non facciano politica?

12

□ Ieri ho sentito un politico dire che ai tempi d'oggi eguaglianza significa equa diseguaglianza.
■ Può spiegarsi meglio?
□ Credo che abbia voluto dire che l'eguaglianza si pone oggi nei termini della tolleranza, cioè tolleranza delle diversità.
■ Mi dispiace, ma non condivido questo ragionamento. Il mio concetto di uguaglianza è un altro.

2

Io ti / vi dico che	i giovani che manifestano per la pace, ma sono contro l'America, sono degli utili idioti. Io non credo più a niente.
Secondo me	i sindacati nella forma attuale sono superati.
	la democrazia è soltanto uno slogan.
	...

In che senso?
Puoi spiegarti?
Puoi fare qualche esempio?
Per sostenere una tesi del genere dovresti apportare degli argomenti.

Che discorsi sono questi?	Non pensi che ...?
Sono affermazioni personali.	
Che razza di ragionamenti sono? (fam.)	
Ma quale concetto hai tu di ...?	
Scusa, come fai a dire che ...?	Secondo me ...
Trovo molto discutibile quello che dici,	perché credo ...
Sbagli nel dire che ...,	perché ...
Credo che tu parti da un'analisi sbagliata.	
Mi sembrano discorsi di un frustrato.	A mio avviso ...
Contesto una tesi / un'affermazione del genere.	

Un momento di riflessione

– Prima di confessarvi se l'ho fatto io, signor direttore, gradirei che mi diceste di che cosa si tratta!

13

Diario di un'operaia

In fabbrica crepo. A respirare sempre quell'acido mi è venuta una tosse da turco. La pelle delle mani se ne va come la buccia della cipolla. Sono gonfie e mangiate dall'acido. I guanti non servono a niente. L'acido passa sotto i guanti, sotto la pelle, sotto tutto.
Ho chiesto di cambiare reparto.
Venerdì.
Ieri sono andata dal dottore. Aspetta, aspetta. C'era una fila che arrivava quasi fuori della porta dell'ambulatorio. Insomma dopo un'ora e mezza mi scadeva il permesso e sono tornata in fabbrica senza avere visto il dottore.
Giovedì.
Sono tornata dal dottore. Questa volta, anche se passava l'ora del permesso, sono rimasta lo stesso ad aspettare. Dopo due ore e un quarto mi hanno fatto entrare. Dice che devo curarmi le mani e i polmoni. Lo so anch'io che devo curarmi, ma come? Mi hanno dato una ricetta e una dichiarazione per la direzione; che mi cambino reparto. Sono andata dal capореparto con la ricetta e la dichiarazione del medico. Se l'è messa in tasca e buonanotte.

Mariani, D.: *Mio marito*

L'impegno del sindacato

Solidarietà con i lavoratori stranieri

ANNA CAMAITI

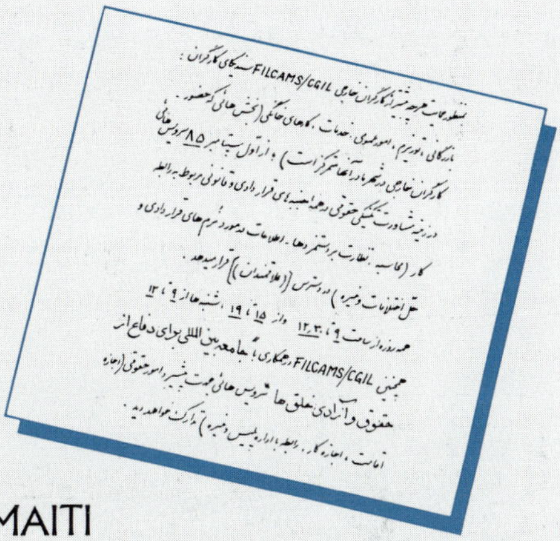

È comparso sui muri di Firenze un manifesto della FILCAMS/CGIL in sei lingue, rivolto ai lavoratori stranieri immigrati in Italia, il quale avvisa che dal 1° settembre è predisposto un servizio di consulenza tecnico-legale per quanto attiene gli aspetti contrattuali e di legge riferiti al rapporto di lavoro. Avvisa inoltre che la FILCAMS/CGIL in collaborazione con la Lega Internazionale per i Diritti e la Liberazione dei Popoli curerà un servizio di informazione nel disbrigo delle pratiche legali (permessi di soggiorno, rapporti con la questura, etc.). L'esigenza di quest'iniziativa nasce - spiega Carlo Chiappelli della segreteria della Federazione Italiana Lavoratori Commercio Turismo e Servizi (FILCAMS/CGIL) - innanzitutto dalla rilevante presenza (circa 20.000) di lavoratori stranieri a Firenze ed in secondo luogo dalle condizioni spesso drammatiche nelle quali questi lavoratori si trovano, non solo per quanto riguarda il lavoro, ma l'insieme della loro vita sociale (permesso di soggiorno, di lavoro, casa, istruzione, inserimento etc.). È per questi motivi che come FILCAMS/CGIL di Firenze abbiamo deciso di cominciare a svolgere in maniera organica e duratura un'azione di tutela nei confronti di questi lavoratori. Innanzitutto sulle questioni di natura sindacale, vale a dire garantire, anche per questi lavoratori, gli stessi diritti contrattuali e normativi conquistati e previsti per i lavoratori italiani.

L'integrazione scolastica e sociale

15

I ragazzi della Scuola 725, una scuola romana di borgata, sistemata in baracche di legno, hanno scritto al sindaco di Roma la seguente lettera:

«Sindaco, egrege vuol dire fuori dal popolo. Se avessimo cominciato in un modo del genere la lettera l'avremmo posta al di sopra di noi, invece lei è come noi. Ciò le fa onore.
E neppure signore l'abbiamo voluta chiamare. Il Signore è uno ed è morto in croce e certo lei non ci muore. Parliamo della croce dello sfruttamento: questa è già occupata da noi.
C'è rimasta la parola sindaco. Abbiamo visto sul vocabolario che essa significa «difensore del diritto». Di quale diritto? Di quello dei ricchi o dei poveri? Senz'altro lei dovrebbe essere dalla parte dei poveri. Questa è giustizia. E per due ragioni: i poveri sono da tutti dimenticati e non sanno come difendersi. Lei crede di avere la coscienza tranquilla quando ha trattato tutti allo stesso modo. Invece ciò per noi è ingiustizia. Se ci sono due uomini, uno zoppo e l'altro sano, se il primo viene offeso, dobbiamo metterci dalla sua parte e non fare i neutrali.
Lei qui all'Acquedotto non s'è mai vista. Ed ogni giorno che passa, qui si costruisce un ghetto. Lei sicuramente conosce il significato della parola, solo perché l'avrà letta sul vocabolario. Noi lo sappiamo perché ci viviamo da quando siamo nati.
Solo chi vive ha il diritto di parlare. Chi legge, saprà le cose a memoria, ma è bene che stia zitto e si metta dietro a noi.»

16

□ Ieri alcuni studenti hanno fatto riferimento alla scuola di Barbiana. Che scuola è?

■ Barbiana è un villaggio in Toscana. Si tratta di una scuola fondata da Don Milani. Questo sacerdote aveva lo scopo di recuperare i ragazzi emarginati.

□ Doveva essere una scuola molto grande.

■ Una trentina di alunni. La pedagogia di Don Milani consisteva nell'insegnare ai ragazzi più grandi e poi nel metterli in condizione di insegnare ai minori.

□ Una pedagogia come quella che Freinet aveva creato in Francia?

■ Per certi aspetti sì.

□ Esiste ancora questa scuola?

■ No, la scuola non più, ma esiste un documento di quella esperienza. I ragazzi di Barbiana hanno scritto un libro intitolato *Lettera a una professoressa*.

17

Due di questi ragazzi, Sandro e Gianni, vengono così descritti:

Sandro aveva 15 anni. Alto un metro e settanta, umiliato, adulto. I professori l'avevano giudicato un cretino. Volevano che ripetesse la prima per la terza volta.
Gianni aveva 14 anni. Svagato, allergico alla lettura. I professori l'avevano sentenziato un delinquente. E non avevano tutti i torti, ma non è un motivo per levarselo di torno.
Né l'uno né l'altro avevano l'intenzione di ripetere. Erano ridotti a desiderare l'officina. Sono venuti da noi solo perché noi ignoriamo le vostre bocciature e mettiamo ogni ragazzo nella classe giusta per la sua età.
Si mise Sandro in terza e Gianni in seconda. È stata la prima soddisfazione scolastica della loro povera vita. Sandro se ne ricorderà per sempre. Gianni se ne ricorda un giorno sì e uno no.

18

Alcuni anni fa nelle scuole pubbliche gli handicappati non venivano accettati. I genitori non sapevano come risolvere la condizione di questi ragazzi. Erano convinti che i loro figli potevano essere recuperati. Non fuori della scuola, ma nella scuola. E hanno lottato per affermare questo principio. Ecco cosa racconta la madre di una bambina handicappata:

Poi abbiamo affrontato il problema della scuola. Abbiamo fatto delle ricerche che non finivano più. Abbiamo provato la scuola speciale quando aveva sette anni. Ma tornava a casa molto agitata, ripeteva la situazione della scuola, con grida e gesti che non aveva mai fatto, ci pareva tanto impaurita come un povero passerotto. Così è durato poco. Abbiamo provato una differenziale, peggio che mai, neanche un giorno è rimasta. C'era una atmosfera di violenza e con una giovane maestra terrorizzata che non sapeva che pesci pigliare. Così abbiamo cercato di inserirla in una scuola normale. Allora non li prendevano nelle pubbliche. Ci siamo rivolti a una scuola privata. E così è stato fatto. Nella scuola privata ha trovato un inserimento abbastanza soddisfacente.

19

□ In una rivista tedesca di pedagogia ho letto che in Italia non esistono più né scuole speciali, né classi differenziali.

■ Sono state abolite nel 1977 nella convinzione che gli handicappati possono essere recuperati se vengono inseriti nelle scuole normali.

□ In che modo?

■ Le scuole dove sono inseriti alunni con handicaps possono rivolgersi alle equipe psico-socio-pedagogiche dell'Unità Sanitaria Locale che intervengono indicando la terapia da adottare per l'alunno handicappato. Solo che queste equipe sono state istituite in pochi comuni fino ad ora.

20

□ Ho sentito che in Italia le cliniche psichiatriche sono state chiuse e i pazienti sono stati lasciati liberi. È vero?

■ Sì, in parte sono ritornati nelle famiglie, i malati più gravi sono stati invece ricoverati negli ospedali. Questa riforma è stata attuata in base a una legge che ha creato però molte polemiche anche fra gli stessi psichiatri.

RAPPORTO SULLA LEGGE 180

Il matto in casa

di STEFANIA ROSSINI

La legge (del 1978) che ha abolito i manicomi è contestata. Molti la definiscono demagogica e le imputano un'impressionante casistica di omicidi e suicidi compiuti da malati di mente. Ma c'è anche chi la difende

Panorama

SCIENZA

Franco Basaglia

PSICHIATRIA

Oltre le sbarre

Mentre molti chiedono una modifica della 180, la legge che ha abolito i manicomi, escono due volumi di scritti di Franco Basaglia, che sono una difesa di quella vera e propria rivoluzione.

L'ESPRESSO · SCIENZE ·

PSICHIATRIA

E adesso, poveri matti?

Il convegno a Città di Castello sulla crisi della psichiatria

Chiusi i manicomi restano i malati

Occorre analizzare su basi nuove la patologia mentale e i mezzi terapeutici per trattarla

Quei nostri fratelli matti

di PIER VITTORIO BUFFA e FRANCO GIUSTOLISI

Prima venivano rinchiusi con la forza e trattati come bestie. Poi si aprirono le porte dei manicomi, senza creare strutture adeguate alla cura dei malati di mente. Adesso si cerca una via di mezzo. Come funzionerà?

Un problema di tutti i paesi: la salvaguardia dell'ambiente

21

Do le dimissioni, non voglio più essere patrono d'Italia perché gli italiani vogliono unicamente distruggere la natura e gli animali. Come posso essere patrono di un paese che ha la più alta concentrazione mondiale dei cacciatori e che uccide ogni anno più di 150 milioni di uccelli? Inoltre devo lamentarmi che sorella aria sia inquinata a man salva, sorella acqua sia ridotta a veicolo di rifiuti, i boschi non servano ad altro che ad essere tagliati o lottizzati.
Io mi scuso per lo sfogo, ma lo considero giusto e prego il Papa di voler considerare «irrefutabili» le mie dimissioni.

22

Qualcosa è stata fatta:

di Gianluigi Melega

I Verdi e gli ambientalisti sono pronti a scendere in campo per la raccolta delle firme che inizierà il 7 aprile. "L'Espresso" parteciperà alla campagna, seguendola settimana per settimana

23

Non muoiono soltanto gli alberi e gli animali. È in pericolo anche l'uomo.

Inquinamento

Nella sede dell'Unione milanese sarti, via Moscova 27, alle 21,15 incontro sul tema «Come potenziare la salute. La lotta contro l'inquinamento» con Carlo Sirtori, Luigi Allegra, Paolo Pilliteri e Domenico Ciliberti.

□ Ieri sera ho partecipato ad un incontro sul tema «inquinamento e salute». Avevo pensato che si sarebbe trattato di consigli pratici su come difendere la salute dall'inquinamento dell'aria, dagli additivi e dai conservanti. Ma non si è parlato affatto di tutto questo.

■ Ma l'incontro non era stato indetto per affrontare il tema in programma?

□ Sì. Solo che dopo un quarto d'ora sono intervenuti certi ecologisti con i soliti slogan: «niente centrali elettriche con l'energia atomica» e cose del genere.

■ Non c'è stato nessuno che ha tentato di stroncare o di impedire questi interventi? Non si trattava mica di un dibattito.

□ Sai come sono questi tipi, subito ti accusano di essere antidemocratico se non ascolti le loro opinioni. Le proteste dei partecipanti non sono valse a nulla.

24

Le centrali elettriche

Ogni tanto viene pubblicata nei giornali la notizia di paesi che si oppongono «con le unghie e con i denti» all'installazione di centrali elettriche nel loro territorio per presunti inconvenienti.

Non sarebbe logico che detti paesi rinunciassero (o fossero fatti rinunciare) alla fornitura dell'energia elettrica?

Perché è molto bello fruire dei vantaggi di detta fornitura e scaricare su altri i disagi (presunti o reali) di produrre elettricità.

Mario Paolo Minganti
Roma

I vignettisti però vedono il problema con ironia

SE AVESSIMO AVUTO PAURA DEL MARE, NON AVREMMO AVUTO LE NAVI.
SE AVESSIMO AVUTO PAURA DEI DISASTRI FERROVIARI, NON AVREMMO AVUTO LE FERROVIE.
SE AVESSIMO AVUTO PAURA DEI DISASTRI MINERARI NON AVREMMO AVUTO IL CARBONE.
SE AVESSIMO AVUTO PAURA DEI DISASTRI AEREI, NON AVREMMO AVUTO LE LINEE AEREE.
SE CEDIAMO ALL'ECCESSIVA PAURA PER LE RADIAZIONI, NON AVREMO...
L'ENERGIA NUCLEARE.

Piccole e grandi iniziative per salvaguardare l'ambiente

25

26

Tutela del mare Adriatico

L'impegno di tutti per un mare migliore

L'impegno per salvare il mare Adriatico e per ridare alle sue acque il colore, la limpidezza e la salubrità di un passato non lontano emerge con sempre maggiore urgenza.
Oltre agli sforzi già compiuti ed alle realizzazioni in corso da parte della Regione Emilia-Romagna deve ora concretizzarsi l'intervento dello Stato per una iniziativa congiunta capace di offrire, già nei mesi prossimi, risposte efficaci.
Il mare infatti si salva solo con una mobilitazione di tutte le forze sociali e un programma preciso di interventi coordinati.
Ma la sua salvezza richiede anche l'intervento di tutti noi, cittadini singoli, associazioni, categorie economiche.

27

Al nuovo dicastero sono attribuiti maggiori poteri

Vittoria facile alla Camera per la legge che battezza il ministero dell'Ambiente

di ANTONIO CIANCIULLO

ROMA — Semaforo verde alla Camera per la difesa della natura. Ieri sera è stato ufficialmente seppellito il ministero per l'Ecologia e al suo posto è nato il ministero per l'Ambiente. Con 322 voti favorevoli, 82 contrari e 50 astenuti, la Camera ha così rinviato la palla al Senato e le probabilità che il nuovo dicastero veda la luce prima della pausa estiva sono sensibilmente cresciute.

Viva l' Italia

l'Italia liberata
l'Italia del valzer e l'Italia del caffè

l'Italia derubata e colpita al cuore
viva l'Italia
l'Italia che non muore
viva l'Italia presa a tradimento
l'Italia assassinata dai giornali e dal cemento

l'Italia con gli occhi asciutti nella notte scura
viva l'Italia
l'Italia che non ha paura

viva l'Italia
l'Italia che è in mezzo al mare
l'Italia dimenticata e l'Italia da dimenticare

l'Italia metà giardino e metà galera
viva l'Italia
l'Italia tutta intera

viva l'Italia
l'Italia che lavora
l'Italia che si dispera e l'Italia che s'innamora

l'Italia metà dovere e metà fortuna
viva l'Italia
l'Italia sulla luna

viva l'Italia
l'Italia del 12 dicembre
l'Italia con le bandiere
l'Italia nuda come sempre

l'Italia con gli occhi aperti nella notte triste
viva l'Italia
l'Italia che resiste

Testo della canzone di Francesco De Gregori

Alla scoperta dell'Italia

I
La cucina dal Nord al Sud

Mettete le foto insieme alle leggende e completate i brani.

Pasta e ____
per quattro persone

400 gr. di pasta (spaghetti o rigatoni), 250 gr. di ________, sale, pepe, noce moscata.

Mentre cuoce la pasta, a parte in una zuppiera si lavora la ________ con pepe, sale, noce moscata e qualche cucchiaio di acqua di cottura. Scolata la pasta, la si versa nella zuppiera.

(1)

extravergine

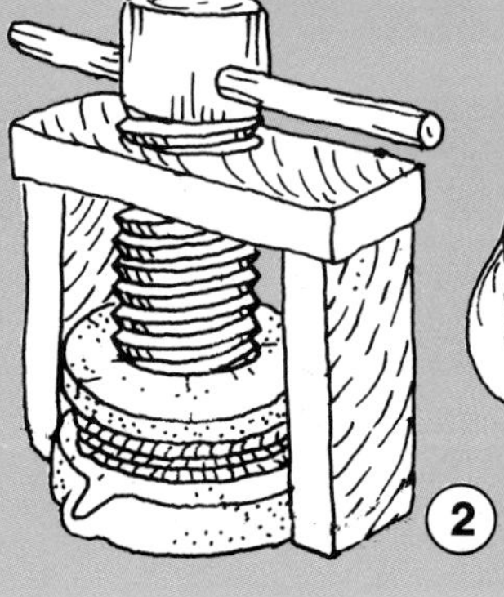

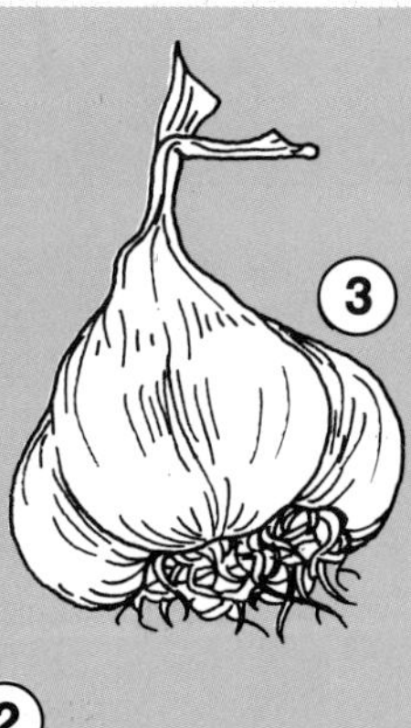

Spaghetti con aglio e ____
per quattro persone

400 gr. di spaghetti, 1 bicchiere da vino non troppo grande di ______, 2 spicchi d'aglio schiacciati, un pizzico abbondante di pepe pestato nel mortaio, prezzemolo tritato, sale.

Cuocere gli spaghetti in acqua salata, scolarli al dente e metterli in un grande piatto riscaldato. Pochi minuti prima di scolarli, mettere in un tegame l'____, l'aglio e il pepe, appena l'aglio imbiondisce, versare la salsa d'un tratto sugli spaghetti, aggiungere il prezzemolo tritato e mescolare velocemente.

(5)

a. Non c'è soltanto il ____________ al quale una città dell'Emilia-Romagna ha dato il nome. In tutta l'Italia, specialmente nel Sud, si fa la ricotta. I piccoli cesti servono per togliere l'acqua. Avete trovato la corrispondente ricetta?

____ *alla* ____*ese*

per quattro persone

400 gr. di ________ (tipo vialone), 100 gr. di burro, 50 gr. di midollo di bue, 1 piccola cipolla tritata, 1 bicchiere di vino bianco secco, 3 gr. di buon zafferano, circa 1½ litro di brodo, 75 gr. di parmigiano grattugiato, sale e pepe.

Mettere in una casseruola a fuoco lento 50 gr. di burro, il midollo di bue crudo, la cipolla tritata e un po' di pepe; appena la cipolla è cotta (deve rimanere bianca) versare il vino, farlo ridurre a metà, gettare il ________ e condire con sale. Fare insaporire per qualche minuto, aggiungere lo zafferano, versarvi un litro di brodo e mescolare; a mano a mano che il ________ asciuga, aggiungere altro brodo. Cuocere a calore vivo mescolando continuamente, ritirare il ________ cotto al dente, completarlo con il resto del burro e con qualche cucchiaiata di formaggio parmigiano grattugiato. Servire e condire a tavola con un po' di parmigiano.

6

7

b. Sono spesso le donne che raccolgono questa pianta che cresce in zone ricche di acqua. I suoi chicchi bianchi si mangiano soprattutto nell'Italia settentrionale dove si trovano molti terreni coltivati a ____________. Il capoluogo della Lombardia ha dato il nome a uno di questi piatti tipici.

c. Per raccogliere il frutto di questa pianta sempreverde si stendono delle reti o dei teli sotto gli alberi. Le ____________ da tavola si raccolgono acerbe, quelle da ____________ sono staccate dalla pianta quando arrivano al giusto punto di maturazione. Questa pianta è coltivata in tutta l'Italia, ma soprattutto nell'Italia centrale e nel Sud.

8

9

10

11

d. Il largo uso dell' __________ di __________ in Italia è, secondo gli studi fatti da medici americani, il motivo perché gli italiani soffrono meno di malattie di cuore che altre nazioni industrializzate. Esistono diverse qualità di questo prodotto; il tipo «extravergine» è quello migliore perché meno manipolato.
Trovate la ricetta che si fa con questo prodotto. Si tratta di una ricetta della città dove gli spaghetti sono il piatto più popolare.

12

e. Sulla foto un signore sta saggiando il ______________.

f. Un altro invece fa lo stesso con il famoso prosciutto che proviene dalla stessa zona.

13

14

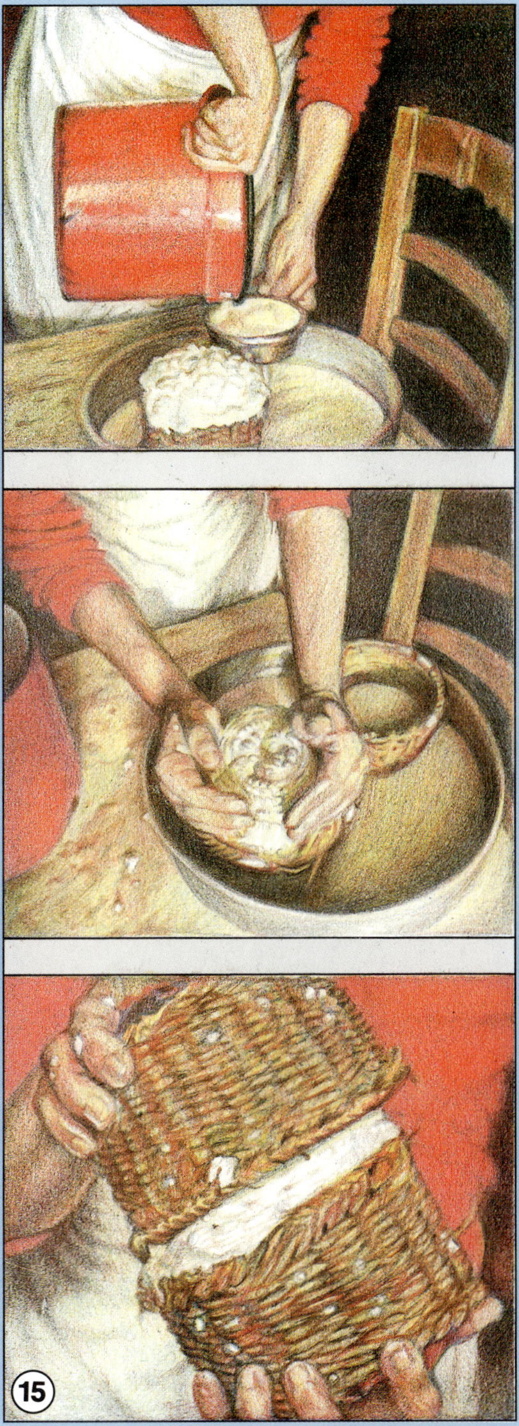

15

II
Quanti contrasti

Mettete insieme foto e leggende da formare coppie in contrasto fra loro.

1

a. Un aspetto dell'Italia che conoscono molti turisti: alberghi «vecchio stile» in corso Imperatrice in una città ligure dove ha luogo ogni anno il festival della canzone italiana. Non avete mai sentito parlare del festival di ____________?

b. In Italia potete anche trovare qualche esempio di architettura moderna. Questo edificio è rappresentativo?

c. Veduta di una lussuosa villa della nobilità veneta. Nell'800 queste ville che si trovano in molte parti del Veneto non sono più solo un luogo per divertirsi e trascorrere il tempo libero, ma diventano il centro di una vera e propria azienda agraria signorile. Perché molti di questi proprietari hanno dovuto vendere i loro terreni negli ultimi decenni?

d. L'illustrazione mostra un contadino che ripulisce un canale di irrigazione nella Pianura Padana. Sapete da dove viene l'acqua per questi canali?

2

e. Non sono posti per turisti: nel novembre 1980 un terremoto scuote un vasto territorio al confine tra Basilicata e Campania, investendo anche la città di Napoli. Interi paesi sono distrutti, fra questi Santomenna (Campania). La popolazione ha passato l'inverno in tende e roulottes. Avranno potuto ricostruire il loro paese?

f. Questa foto mostra una delle misere borgate della periferia romana dove vivono gli immigrati del Meridione, i «terroni», giunti nella capitale nella speranza di trovare un lavoro e condizioni di vita migliori. Quali sono le regioni del Meridione?

5

6

7

9

8

g. Molti terreni italiani non sono coltivabili. In queste zone gli abitanti allevano le pecore come hanno fatto già nei tempi dell'antichità. Qui vedete un pastore con il suo gregge. Conoscete l'isola che è famosa per la sua pastorizia?

h. Su due delle foto vedete i ruderi di una famosa città antica completamente distrutta dal Vesuvio nel 79 d. C. Verso la metà del 1700 si incominciò a scavare sistematicamente nei luoghi di questa città morta che venne ben presto alla luce tutta intera. Osservate le pietre sporgenti. A che cosa servivano?

III
Artigianato e industria in Italia

Graduatoria regionale degli addetti all'industria:

Osservando le quote degli occupati nell'industria nelle varie Regioni risulta evidente la distanza tra le aree sviluppate e quelle a sviluppo bloccato. Ricordiamo che una forte quantità di addetti all'industria lombarda e piemontese sono emigrati delle Regioni meridionali. Da quali Regioni provengono i lavoratori italiani nella Repubblica Federale di Germania?

1

2

I prodotti italiani conosciuti in tutto il mondo sono **a.** vetri, **b.** ceramiche e **c.** oggetti di marmo. Negli ultimi tempi un altro settore economico ha superato il primato francese: **d.** la moda. Scrivete voi le leggende per le foto indicando anche le zone o i luoghi dove si svolgono queste attività artigianali o industriali.

e. Un'altra attività industriale conosciuta è quella della produzione di automobili. Sapete i nomi delle tre fabbriche di auto più grandi e i luoghi dove esse producono? Molte di queste aziende hanno aperto succursali nel Meridione per diminuire la disoccupazione. Avete mai sentito parlare dei risultati ottenuti?

f. Un'altra foto mostra il centro industriale di Venezia, il complesso di Porto Marghera che comprende l'industria metallurgica, l'industria chimica, raffinerie di petrolio e centrali termoelettriche.

g. Le centrali elettronucleari sono poche in Italia. Per poter far fronte al grande bisogno di energia elettrica l'ENEL (Ente Nazionale per l'energia elettrica) cerca di sfruttare fonti alternative di energia, per esempio il calore solare. Scrivete brevi leggende per le tre foto (e.-g.)

IV
L'Italia dello spettacolo

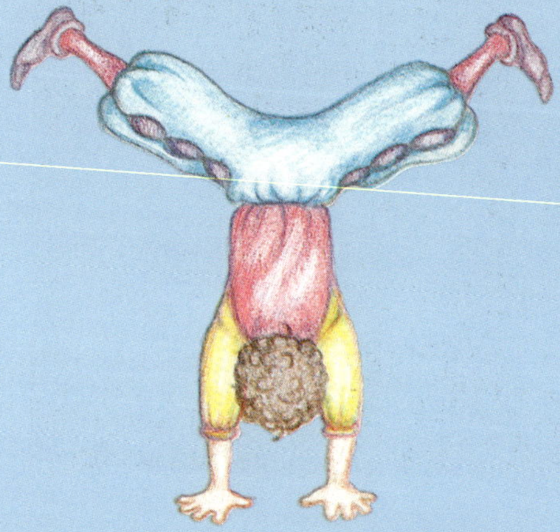

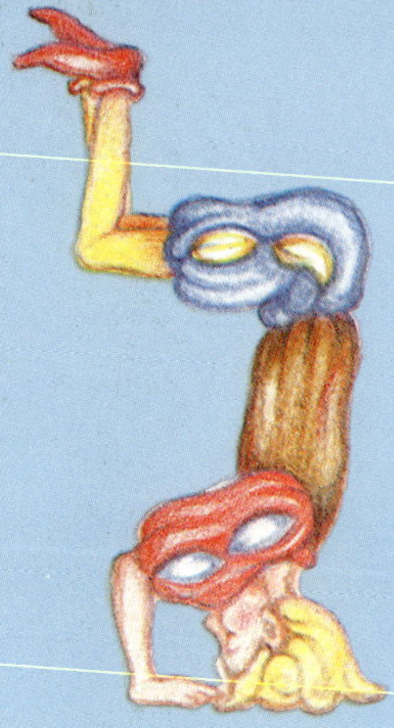

a. La commedia dell'arte fu un movimento teatrale che si sviluppò in Italia nei secoli XVI e XVII ed ebbe straordinario successo in tutta l'Europa. La parola «arte» significava «mestiere», e stava a indicare che gli attori interpreti di quelle commedie erano professionisti.

Questi comici dell'arte non recitavano un testo scritto, ma improvvisavano sulla scena. Ciascuno di questi attori, che avevano anche abilità di mimi, di acrobati, di suonatori, rappresentava sempre lo stesso personaggio, la stessa maschera: il servo furbo, il vecchio ricco e avaro, i giovani innamorati ecc. Nel XVIII secolo questo genere teatrale perse importanza. Eppure Carlo Goldoni (1707–1793) che combatté il teatro di improvvisazione, riprese in chiave originale personaggi e maschere della commedia dell'arte.

Chi è chi?

b. Brighella è una maschera che svolge il ruolo di imbroglione, di organizzatore di inganni. Mentre Arlecchino inganna gli altri alla buona, per campare alla giornata, Brighella è diverso: ci prova proprio gusto, lui, nell'ingannare gli altri. È il gran cuoco delle bugie.

1

c. I soldi sono proprio il lato debole di Pantalone. È uno dei mercanti più avari di Venezia. Ha promesso Rosaura, sua figlia, in sposa ad un vecchio amico, pieno di anni, di malattie, ma anche di molti denari. Rosaura di quel matrimonio non vuol saperne, perché è innamorata del giovane Florindo.

d. Una cosa non gli manca mai: la fame. Arlecchino è l'eterno affamato. Quando sta finalmente per riempire quella gran voragine che si sente allo stomaco, e che sembra durare da giorni, da settimane, da mesi, ecco che, novanta volte su cento, qualcosa manda a monte il suo pranzo o il suo spuntino.

Arlecchino oggi

Anarchico Arlecchino

colloquio con **DARIO FO**

A Venezia, a settembre, avverrà uno storico incontro: quello tra la grande maschera della commedia dell'arte e Dario Fo.

Arlecchino, pur essendo un personaggio molto noto ed amato, negli ultimi anni è stato portato raramente in scena. È ancora attuale la figura del «servo istrione»?

«Non ha mai cessato di esserlo! Pensiamoci un attimo: quali sono i due personaggi più conosciuti di tutta la storia del teatro? Uno è senz'altro Amleto, ma l'altro è Arlecchino.»

Da: ***L'Espresso***

5

e. Anche Napoli ha la sua maschera: Pulcinella.
In una piazzetta napoletana, un ciarlatano, su un rozzo palco di legno, ha radunato un folto pubblico intorno a sé. Uomini, donne, vecchi, bambini seguono ogni suo gesto e ogni sua parola.
– Ed ora, rispettabili spettatori e concittadini, il vostro Pulcinella si taglierà profondamente il braccio con questo coltello che avete esaminato a vostro piacimento. Il sangue scorrerà abbondante. Ma non temete! Io lo fermerò con l'aiuto di una pomata miracolosa.

Guardate questi disegni che rappresentano alcune maschere della commedia dell'arte e descrivete le caratteristiche del loro aspetto e del loro abbigliamento.

Nella commedia dell'arte le «maschere» rispecchiavano spesso dei tipi caratteristici della società di allora. In una commedia dell'arte di oggi, quali potrebbero essere, secondo voi, i tipi fondamentali da rappresentare?

V
Pittura e poesia nel Novecento

Piazza di Spagna, a Roma

Dolcemente muor Febbraio
in un biondo suo colore.
Tutta a 'l sol, come un rosaio,
la gran piazza aulisce in fiore.

Dai novelli fochi accesa,
tutta a 'l sol la Trinità
su la tripla scala ride
ne la pia serenità.

L'obelisco pur fiorito
pare, quale roseo stelo;
in sue vene di granito
ei gioisce a mezzo il cielo.

Ode a piè de l'alta scala
la fontana a mormorar,
vede a 'l sol l'acque croscianti
ne la barca scintillar.

In sua gloria la Madonna
sorridendo benedice
di su l'agile colonna
lo spettacolo felice.

G. D'Annunzio

Quali elementi artistici e architettonici sono messi in risalto nella poesia?

Mamma mia dammi cento lire

«Mamma mia dammi cento lire,
che in America voglio andar»
«cento lire io te le dò,
ma in America no no no»
i fratelli che alla finestra
dicon «Mamma lascialo andà».
Quando fummo in mezzo al mare
il bastimento si sprofondò.
«Se io avessi una letterina
alla mia mamma vorrei mandà:
i capelli so' ricci e belli
l'acqua salsa li brucerà.
I miei occhi sono due stelle
in fondo al mare risplenderà
i miei denti son di coralli
il pescatore li pescherà
le mie carni son grasse e fresche
pescecane li mangerà».
Ad un tratto tutto quanto
il bastimento si sprofondò
«addio mamma, o mamma addio
io mai più non ti rivedrò».

Anonimo

Commentate questa canzone popolare molto in voga ai primi del Novecento.

Ed è subito sera

Ognuno sta solo sul cuore della terra
trafitto da un raggio di sole:
ed è subito sera.

S. Quasimodo

Quali sensazioni suscitano in voi questi versi?

▲ 1

▲ 2

▼ 3

4

Fides

Quando brillava il vespero vermiglio,
e il cipresso pareva oro, oro fino,
la madre disse al piccoletto figlio:
– Così fatto è lassù tutto un giardino.
Il bimbo dorme, e sogna i rami d'oro,
gli alberi d'oro, la foresta d'oro,
mentre il cipresso nella notte nera
scagliasi al vento, piange alla bufera.

G. Pascoli

Perché Pascoli ha intitolato questa poesia FIDES (che vuol dire ‹fiducia›)?

La romanesca loro sera di maggio

Manca poco alla cena;

brillano i rari autobus del quartiere,
con grappoli d'operai agli sportelli,
e gruppi di militari vanno, senza fretta;

e, non lontano, tra casette
abusive ai margini del monte, o in mezzo

a palazzi, quasi a mondi, dei ragazzi
leggeri come stracci giocano alla brezza
non più fredda, primaverile; ardenti

di sventatezza giovanile la romanesca
loro sera di maggio scuri adolescenti
fischiano pei marciapiedi, nella festa

vespertina; e scrosciano le saracinesche
dei garages di schianto, gioiosamente
se il buio ha reso serena la sera.

È un brusìo la vita.

P. P. Pasolini

Quali aspetti della città sono messi
in evidenza in questa poesia?

5

6

Mettete le leggende insieme alle foto:

a. Amedeo **Modigliani**, nato a Livorno nel 1884 e morto a Parigi nel 1920, dove era vissuto a partire dal 1906, è famoso per i suoi ritratti. La gran parte dei ritratti di Modigliani non sono stati dipinti su commissione ma per spontanea predilezione dell'artista, come fossero «nature morte» umane.

b. Carlo **Carrà** è nato nel 1881 in Piemonte ed è morto nel 1966 a Roma. Apparteneva al gruppo dei futuristi dai quali si allontanò con gli anni. I suoi quadri sono di un realismo che si esprime con mezzi semplici limitandosi all'essenziale delle forme rappresentate.

c. Giorgio **De Chirico**, nato in Grecia nel 1888, viveva a Roma vicino a Piazza di Spagna. È considerato il fondatore della «pittura metafisica» (che significa letteralmente ‹al di là della realtà fisica›). I quadri di questo periodo mostrano spesso ambienti irreali in spazi vuoti e allucinanti. Questo momento è durato poco più di un decennio: ma è stato sufficiente a dare la celebrità a De Chirico.

d. Giorgio **Morandi** (1890–1964) è un artista che si può classificare difficilmente. La scoperta della «metafisica» è, per questo pittore di Bologna, individuazione di strade ben diverse da quelle di De Chirico e di Carrà. Morandi scopre la poesia, non le «illuminazioni» di Ungaretti, ma la cultura classica. La sua è arte senza tempo che si contrappone, soprattutto con le sue nature morte, alla cultura dell'oggi, all'informale.

e. Umberto **Boccioni** morì nel 1916, a 34 anni. Ebbe una vita breve ma intensa, consumata fra Roma (dove giunse dalla nativa Reggio Calabria), Parigi, Mosca e Milano. Pittore e scultore entusiasta aderì al Movimento futurista diventandone l'animatore. Il Futurismo affascinò gli artisti italiani dei primi anni del '900, poiché rappresentava una corrente giovane e ribelle a tutto ciò che sembrava vecchio e passato.

f. Chiusa l'era dell'arte-non-arte, esaurita la spinta dei «rivoluzionari», tornano a trionfare solitari gli artisti di solida fama, fra i quali soprattutto Renato **Guttuso**, nato nel 1912 a Palermo. Nei suoi quadri domina il realismo; spesso si ispira agli ambienti siciliani o ci mostra le persone che lo circondano.

Quale di questi quadri riprodotti vi piace di più? Motivate la vostra scelta.

Vocabolario

1 Fare e non fare

1

abbassare	leiser machen
riuscire	gelingen
non riesco a fare	es gelingt mir nicht zu tun, ich kann nicht tun
concentrarsi	sich konzentrieren
pregare	bitten
la relazione	der Bericht

2

i servizi	die Toilette(n), die sanitären Einrichtungen
il diritto	das Recht
mantenere	erhalten, bewahren
tale	solcher, solch ein, derart
a mantenerli tali	sie so zu (er)halten

3

sbrigarsi	sich beeilen
la pazienza	die Geduld
avvertire	benachrichtigen
dolce	süß
i dolci	der Kuchen, das Gebäck
scegli (scęgliere)	wähle / suche aus, du wählst / suchst aus
ricordarsi	sich erinnern, daran denken

1

il consiglio	der Rat
posso dirti la mia (opinione)?	darf ich dir meine Meinung dazu sagen?
vuoi sentire la mia?	möchtest du meine Meinung (dazu) hören?
toccare	anfassen, berühren
il filo	der Faden, der Draht, die (elektr.) Leitung
l'artịcolo su ...	der (Zeitungs-)Artikel über ...
stụpido	dumm, der Dummkopf
fare lo stụpido	sich dumm anstellen
(il) furbo	schlau, durchtrieben, der Schlaukopf
(il) dritto	schlau, listig, der Schlaukopf
pericoloso	gefährlich
controproducente	unangebracht (= das Gegenteil bewirkend)

4

descrịvere (descritto)	beschreiben
piantare	pflanzen
il basịlico	das Basilikum
qui dice	hier heißt es
acquistare	erwerben, kaufen
il vaso	das Gefäß, der Topf, die Vase
la pianta	die Pflanze
il vaso per piante	der Blumentopf
sufficientemente (Adv.)	genug
largo	breit
la terra	die Erde, die Blumenerde
il seme	der Samen
corrispọndere	entsprechen
il gusto	der Geschmack
ụmido	feucht
annaffiare	gießen
attento	aufmerksam
stare attento	aufpassen
germinare	keimen
raccǫgliere	ernten, sammeln
la foglia	das Blatt (Pflanze)
sembrare	scheinen
non ... affatto	überhaupt nicht
complicato	kompliziert, schwierig

2

l'asciugamano	das Handtuch
la biancherịa	die Wäsche
i pantaloni	die Hose
guasto	verdorben, faul, schlecht (Speisen)
ponętelo (porre)	setzt / stellt / legt ihn / es
buttare via	wegwerfen

5

accomodarsi	eintreten, sich setzen (= es sich bequem machen)
venga pure (venire)	kommen Sie nur / doch / ruhig!
sono a sua disposizione	ich stehe Ihnen zur Verfügung
l'ạttimo	der Augenblick
faccia con cọmodo	machen Sie nur / ruhig, lassen Sie sich Zeit!
sfogliare	durchblättern
il CORRIERE DELLA SERA	Name einer italienischen Tageszeitung («Abendkurier»)

3

spostare	wegräumen, beiseite schieben
salga (salire)	gehen / steigen Sie hinauf!
rimanga (rimanere)	bleiben Sie!
ponga (porre)	setzen / stellen / legen Sie!
dia (dare)	geben Sie!
scelga (scẹgliere)	wählen / suchen Sie aus!

6

chiarire	klären
hanno reso (rẹndere)	sie haben gemacht, sie haben werden lassen
il rapporto	das Verhältnis, die Beziehung
l'azienda	der Betrieb, das Unternehmen

7

il vaglia (i vaglia)	die Überweisung
fare il vaglia	Geld überweisen
non te la prẹndere	ärgere dich nicht, mach dir nichts daraus
la posta	das Postamt

8

la nevicata	der Schneefall
la palla di neve	der Schneeball
cambiarsi	sich umziehen
stai pure alzata	bleib ruhig auf
smontare	auseinandernehmen
il giocạttolo	das Spielzeug
rimontare	wieder zusammensetzen

4

verrò (venire)	ich werde kommen
rivọlgersi a	sich wenden an

9

in breve	in Kürze, kurz
atterrare	landen
Linate	Name des Mailänder Flughafens
tenere presente	berücksichtigen, denken an
proseguire	weiterfahren, wieder abfahren
incominciare	beginnen

10

ẹssere impegnato	beschäftigt sein, eine Verpflichtung haben
tutt'e due	alle beide
immaginare	(sich) vorstellen, (sich) denken
imboccare Corso Vittorio Emanuele	in den Corso V. E. einbiegen
la zona pedonale	die Fußgängerzone

11

la psichiatrịa	die Psychiatrie
me ne starò seduto	ich werde mich setzen, ich werde sitzen bleiben
la veranda	die Veranda
felice	glücklich
lo psichiatra	der Psychiater
convịncere (convinto)	überzeugen
intraprẹndere una professione	einen Beruf ergreifen
qualsịasi	irgendein
veramente (Adv.)	wirklich, tatsächlich
il momentino	der kleine Moment

collaborare	mitarbeiten, zusammenarbeiten
completamente (Adv.)	vollständig, völlig
trattenere	zurückhalten, aufhalten
la conclusione	die Lösung, das Ergebnis
certamente (Adv.)	sicher, sicherlich

12

rivestirsi	sich wieder anziehen
il pasto	die Mahlzeit
fare movimento	sich bewegen, sich Bewegung verschaffen
ogni volta che	jedesmal wenn, sooft
la nuotata	das Schwimmen
qualunque	irgendein
l'indicazione (w.)	die Anweisung
riscontrare	finden
la tensione	die (An-)Spannung
lo stress	der Streß
preoccupante	besorgniserregend
farsi rivedere	wiederkommen (= sich wieder sehen lassen)
circa	ungefähr, circa

13

il decạlogo	der Zehn-Punkte-Katalog
Matusalemme	Methusalem
il peso	das Gewicht
pẹrdere peso	abnehmen
la maniera	die Art, die Weise
lento	langsam
graduale	schrittweise
possibilmente (Adv.)	möglicherweise
il controllo	die Kontrolle
eliminare	ausschalten, meiden
il più possịbile	sooft wie möglich
il grasso	das Fett
il tipo	der Typ, die Art
animale	tierisch
la carenza	der Mangel
la fibra	die Faser
le fibre	die Ballaststoffe
l'organismo	der Organismus
l'alimentazione (w.)	die Ernährung
ẹssere all'orịgine	der Grund / die Ursache sein
digestivo	Verdauungs-, die Verdauung betreffend
riducete (ridurre)	schränkt ein, schränken Sie ein
al mạssimo	soviel wie möglich
il fattore	der Faktor
favorire	begünstigen
fumare	rauchen
sociẹvole	gesellig

14

il progetto	der Plan, das Vorhaben
l'estate (w.)	der Sommer
quest'estate	in diesem Sommer
credo di no (crẹdere)	ich glaube nicht

6

partecipare a	teilnehmen an
fare lo straordinario	Überstunden machen

15

l'inchiesta	die Untersuchung, der Bericht
la giungla	der Dschungel
la burocrazịa	die Bürokratie
pesare	wiegen
l'elefante (m.)	der Elefant
la coda	die Schlange (Menschen, Autos etc.)
il decennio	das Jahrzehnt; der Zeitraum von zehn Jahren
l'attesa	das Warten
affannoso	anstrengend, mühsam
la caccia	die Jagd
inụtile	unnötig, unnütz
il timbro	der Stempel
eppure	dennoch, trotzdem

pụbblico	öffentlich
l'amministrazione (w.)	die Verwaltung
assorbire	verschlingen
ormai (oramai)	schon, bereits, jetzt
il rẹddito	das Einkommen
approfondito	ausführlich
l'indagine (w.)	die Untersuchung, Nachforschung
di ben 14 mila pạgine	von sage und schreibe vierzehntausend Seiten
spiegare	erklären
il perché	der Grund

16

se ci sei, batti un colpo!	wenn du da bist, gib ein Zeichen!
statale	staatlich
in media	im Durchschnitt, durchschnittlich
il tasso	die Rate, Ziffer, Quote
il permesso	der Urlaub
rispettivamente	beziehungsweise
l'assenteismo	das Fehlen, Fernbleiben
la percentuale	der Prozentsatz
il totale	die Gesamtsumme
il ministero	das Ministerium
	(Ministerium für)
Marina Mercantile	~Seehandel
Pụbblica Istruzione	~Erziehung
Grazia e Giustizia	~Begnadigung und Justiz
Bilancio	~(Staats-)Haushalt, Budget
Turismo	~Tourismus
Lavori Pụbblici	~öffentliche Arbeiten, Arbeiten der öffentlichen Hand
Beni Culturali	~Kulturgüter
Industria	~Industrie
Interni	Innen(ministerium)
Agricoltura	Landwirtschaft(sministerium)
Commercio Ẹstero	Außenhandel(sministerium)
Affari Ẹsteri	Außen(ministerium)
Partecipazioni Statali	(Ministerium für) staatliche Beteiligungen
Sanità	Gesundheit(sministerium)

17

promettere (promesso)	versprechen
il giradischi	der Plattenspieler

18

arrabbiato	verärgert, wütend
sempre la stessa cosa	immer dasselbe
la promessa	das Versprechen
contare su	rechnen mit, zählen auf
temere	fürchten
impegnarsi	sich bemühen
consegnare	abliefern
come si fa a dimenticare?	wie kann man vergessen?

R

I Promessi Sposi	die Verlobten

7

l'appartamento	die Wohnung
il mọdulo	das Formular
adatto	richtig, geeignet
l'ufficio competente	das zuständige Amt
la fermata	die Haltestelle

20

andare in mạcchina	mit dem Auto fahren
andare veloce	schnell fahren
fare un sorpasso	überholen (Auto)
fai troppi sorpassi	du überholst zu oft
rispettare	respektieren, beachten
il semạforo	die Verkehrsampel
sicuro	sicher
andare piano	langsam fahren
assicurare	versichern

21

Unità Sanitaria Locale (USL)	Ortskrankenkasse
la guida	der Führer
l'assistenza sanitaria	die Krankenversorgung, das Gesundheitswesen
recarsi	sich begeben
lo stato	der Staat
Comunità Economica Europea (CEE)	Europäische (Wirtschafts-) Gemeinschaft
il Belgio	Belgien
la Danimarca	Dänemark
la Germania Federale	die Bundesrepublik Deutschland
la Gran Bretagna	Großbritannien
la Grecia	Griechenland
l'Irlanda	Irland
il Lussemburgo	Luxemburg
la Francia	Frankreich
l'Olanda	Holland
beneficiare di	erhalten, genießen
in regime diretto	direkt
ottenere	erhalten
la prestazione	die Leistung
munito di	(ausgestattet) mit
il documento	das Dokument
originale	Original-
l'iscrizione (w.)	die Anmeldung
S.S.N.	Servizio Sanitario Nazionale
il formulario	das Formular
richiędere	beantragen, anfordern
l'istruzione (w.)	die Anweisung
il retro	die Rückseite
in cui è indicato	wo angegeben ist
l'istituzione (w.)	die Stelle, die Institution
il formulario stesso deve essere presentato	das Formular selbst muß vorgelegt werden

22

informazione pubblicitaria	Werbeanzeige
camminare	laufen, zu Fuß gehen
più cammini	je mehr du läufst
cọrrere	laufen, rennen
su per le scale	die Treppen hinauf
giù	hinunter
chinarsi	sich bücken
che (poiché)	hier: denn, weil
stramazzare	stürzen, hinfallen
il divano	die Couch
la scarpa	der Schuh
vuol dire	das heißt
indossare	anziehen
la calza	der Strumpf
infatti	in der Tat, tatsächlich
praticamente (Adv.)	praktisch
il massaggiatore	der Masseur
personale	persönlich
ad ogni tuo passo	bei jedem deiner Schritte
massaggiare	massieren
tonificare	kräftigen, stärken, anregen
attivo	aktiv
moderno	modern
ignorare	ignorieren, (absichtlich) übersehen
il negozio specializzato	das Fachgeschäft

23

consigliare	raten
all'aperto	im Freien
la sciocchezza	die Dummheit
sciocchezze!	dummes Zeug! Quatsch!
il giovanotto	der junge Mann

2 Sconsigliare e vietare

sconsigliare	abraten

1

apprẹndere	erfahren
la gioia	die Freude

i lavori in corso	die Bauarbeiten
trafficato	verkehrsreich
appena	sobald
fẹrvido	herzlich, leidenschaftlich

2

disdire	abbestellen, absagen
interno	inner
la stanza interna	das Zimmer nach hinten

3

il sogno	Traum
sognare	träumen
su	auf, los
deserto	verlassen
ad un tratto	plötzlich
la voce	die Stimme
guardarsi da	sich in acht nehmen vor
ripẹtere	wiederholen
illuminato	erleuchtet, beleuchtet
il portone	die (Haus-)Tür, das Tor
svegliarsi	aufwachen
ugualmente	trotzdem

4

consigliạbile	ratsam
inquinato	verseucht
affollato	überfüllt
dappertutto	überall
lungo la costa	die Küste entlang
le Puglie	Apulien
calmo	ruhig
decisamente	entschieden, entschlossen
la villeggiatura	die Ferien, die Sommerfrische
l'altitụdine (w.)	die Höhe
il depliạnt	der Prospekt
scomodarsi	sich Umstände machen, sich bemühen
per posta	per Post

2

il palo	der Pfosten, die Stange, der Mast
il gradino	die Stufe
il cane	der Hund
il ladro	der Dieb
la spina	die Dorne
cadere	fallen

6

Papà Natale	Weihnachtsmann
ẹccoci di nuovo qui!	es ist wieder soweit, da sind wir wieder
per iscritto	schriftlich
imbarazzare	in Verlegenheit bringen, verlegen machen, hindern, stören
a voce	mündlich

7

l'acquisto	der (Ein-)Kauf
indicare	nennen, angeben
l'abbigliamento	die Kleidung
un paio di	ein Paar
il foulạrd	der Schal
alto	hoch
STANDA, UPIM	Namen italienischer Kaufhausketten

8

andạrsene	weggehen
fermarsi	sich aufhalten, haltmachen, bleiben
risentirsi	wieder voneinander hören
comunicare	mitteilen
in mattinata	während des Vormittags

9

l'interruzione (w.)	die Sperrung, die Unterbrechung
in sẹguito a	in Folge von, nach

10

il lettore	der Leser
l'argomento	das Thema, das Argument
la rubrica	die Spalte, die Rubrik
la redazione	die Redaktion

capitare	geschehen, passieren
incredịbile	unglaublich
tọgliere	wegnehmen
la capacità	die Fähigkeit
la reazione	die Reaktion
accọrgersi (accorto)	bemerken
il maglione	der Pullover
accadere	sich ereignen
parecchi giorni	einige Tage
l'accaduto	das Ereignis, der Vorfall
accọgliere	empfangen
il cancello	das Gitter, die Gittertür
la villa	das Landhaus
il padrone di casa	der Hausherr
paralizzato	gelähmt
il recụpero, ricụpero	die Wiedererlangung, das Zurückholen
agire	handeln
il capo di abbigliamento	das Kleidungsstück

11

probabilmente	wahrscheinlich
la colpa	die Schuld
affidare	anvertrauen
riferire	berichten, melden

12

depresso	deprimiert
la cugina	die Kusine
ricoverare in ospedale	ins Krankenhaus einliefern
riprẹndere coscienza	das Bewußtsein wiedererlangen
operare	operieren
il familiare	der Familienangehörige
gli zii	Onkel und Tante
appena una settimana fa	erst vor einer Woche
il permesso	die Erlaubnis
assentarsi	fernbleiben, fehlen

13

la situazione	die Situation
la conseguenza	die Konsequenz, die Folge
sospettare	verdächtigen
il testimone	der Zeuge
testimoniare	bezeugen, als Zeuge aussagen

14

il portoghese	Portugiesisch
Lisbona	Lissabon
grato	dankbar

15

il balcone	der Balkon
impedire	hindern
la frase	der Satz
l'equivalente	die Entsprechung
repressivo	unterdrückend, repressiv
consapẹvole	bewußt
il motivo	das Motiv, der Grund
il divieto	das Verbot

16

chi se ne frega?	wen kümmert das, wen schert das?
la velocità mạssima	die Höchstgeschwindigkeit
il divieto di sorpasso	das Überholverbot
il divieto assoluto di accesso	das Einfahrtsverbot
il divieto di sosta limitato	das eingeschränkte Halteverbot
vietato l'ingresso ai non addetti ai lavori	Unbefugten ist der Zutritt verboten

17

il dịo	der Gott
l'uomo	der Mann, der Mensch
l'ạlbero	der Baum
il paradiso	das Paradies

la scienza	die Wissenschaft, die Weisheit
morire	sterben
sacro	heilig
la Bibbia	die Bibel
tutto è stato organizzato	alles ist organisiert worden
indurre in tentazione (w.)	in Versuchung führen

5

il trạnsito	der Durchgang, die Durchfahrt
la sosta	der Halt, das Halten
la sala	der Saal, der Raum

18

venire in mente (w.)	in den Sinn kommen, einfallen
riguardare	angehen, betreffen
intromẹttersi	sich einmischen
fare cosa gradita	einen Gefallen tun

19

la fesserịa	die Dummheit, der Blödsinn
sconsigliạbile	nicht ratsam

20

valere la pena	sich lohnen, der Mühe wert sein
fare la coda	sich anstellen, Schlange stehen

22

un grosso fumetto	großer Kitsch

23

la partita a bridge	die Partie Bridge
organizzare	veranstalten
l'incontro	die Begegnung
l'incontro di calcio	das Fußballspiel

24

il Videorecorder	der Videorecorder
intelligente	klug, intelligent
una cosa del gẹnere	etwas Derartiges

6

la delusione	die Enttäuschung

25

la pubblicazione	die Veröffentlichung
il Ministero del Lavoro	das Ministerium für Arbeit
il lavoratore	der Arbeiter
isolarsi	sich absondern
generale	allgemein
scoprire	entdecken
l'aspetto	der Aspekt
migliore	besser(er)
l'avvertimento	der Hinweis, die Warnung
lasciarsi indurre	sich hinreißen lassen
il gọmito	der Ellbogen
alzare il gọmito	einen über den Durst trinken

3 Comunicare e capirsi

2

Londra	London
raccomandare	empfehlen

3

perfettamente	sehr gut, perfekt
la pronuncia	die Aussprache
perfezionare	vervollkommnen
pronunciare	aussprechen
ovunque	überall
può darsi	vielleicht

Grammatik

guarire	gesund werden

4

lo spagnolo	Spanisch

5

la punta	die Spitze
doppio	doppelt

1

il fumo	der Rauch
l'arrosto	der Braten
il significato	die Bedeutung
l'espressione (w.)	der Ausdruck
tradurre	übersetzen
significare	bedeuten
l'apparenza	der Anschein
la sostanza	die Substanz, der Inhalt
corretto	richtig, korrekt

6

l'inserzione (w.)	die Anzeige (Presse)
il currịculum vitae	der Lebenslauf
correntemente	fließend
approfondire	vertiefen
il corso serale	Abendkurs

7

morire di fame	verhungern
spaventare	erschrecken, Schrecken einjagen
patefuagrà	pâté de foie gras (französ.): Gänseleberpastete

8

sebbene (mit Konjunktiv)	obwohl, obgleich
il cantone dei Grigioni	der Kanton Graubünden
il romancio	das Rätoromanische
il dialetto	der Dialekt
la lingua neolatina	die romanische Sprache
ufficiale	Behörden-, amtlich, offiziell
svọlgersi	stattfinden
quindi	also, folglich
bilingue	zweisprachig

9

il comportamento linguịstico	das Sprachverhalten
l'abitante (m. und w.)	der / die Einwohner/in
il Vẹneto	Venetien

10

trasformarsi	sich verändern
imponente	eindrucksvoll, beeindrukkend
il fenọmeno	das Phänomen
anticipare	vorwegnehmen
la novità	die Neuheit, die Neuigkeit
il sondaggio	die Umfrage

11

famoso	berühmt
il linguista	der Linguist
il cittadino	der Bürger
usare	gebrauchen
ẹssere in grado	imstande sein, können
abitualmente	gewöhnlich, gewohnheitsmäßig
giusto	richtig
l'obiettivo	das Ziel
disprezzare	verachten
distrụggere (distrutto)	zerstören
la condizione	die Bedingung
agiato	bequem, wohltuend
il polmone	die Lunge
indispensạbile	unerläßlich
l'atmosfera	die Atmosphäre

12

la minoranza	die Minderheit
la varietà	die Verschiedenheit, Verschiedenartigkeit
alloglotto	anderssprachig

13

la costituzione	die Verfassung
garantire	gewährleisten, garantieren

l'uguaglianza	die Gleichheit, die Gleichberechtigung
fondamentale	grundlegend
pari (unveränderl.)	gleich
la dignità	die Würde
sociale	sozial, gesellschaftlich
eguale, uguale	gleich
la legge	das Gesetz
la distinzione	die Unterscheidung
il sesso	das Geschlecht
la razza	die Rasse
la religione	die Religion
rimuọvere	aus dem Weg räumen, entfernen
l'ostạcolo	das Hindernis
econọmico	Wirtschafts-, ökonomisch
limitare	begrenzen
la libertà	die Freiheit
lo sviluppo	die Entwicklung
umano	menschlich
effettivo	wirklich, ordentlich, effektiv
la partecipazione	die Teilnahme
l'organizzazione (w.)	die Organisation
tutelare	schützen
appọsito	eigens dazu bestimmt, passend, geeignet
la norma	die Norm, die Regelung
riconọscere	anerkennen
radiofọnico	Rundfunk-, den Rundfunk betreffend
televisivo	Fernsehen-, das Fernsehen betreffend
pubblicare	veröffentlichen
pretẹndere	verlangen, beanspruchen
ẹssere assunti	eingestellt werden
cioè	das heißt, und zwar, nämlich
oltre	außer
moltịssimo	sehr viel

14

esprịmersi	sich ausdrücken
il segnale	das Zeichen
il giapponese	der Japaner
il denaro	das Geld
il silenzio	das Schweigen
la derisione	der Spott
la stanchezza	die Müdigkeit
la stupidità	die Dummheit
stare in guardia	achtgeben
la disonestà	die Unehrenhaftigkeit, Unehrlichkeit
l'astuzia	die Schlauheit, Verschlagenheit
il modo di dire	die Redewendung

15

non so che pesci prẹndere	«ich weiß nicht, welche Fische ich nehmen soll»; ich weiß keinen Ausweg, keine Lösung
la pescherịa	das Fischgeschäft
scoppiare a rịdere	in Gelächter ausbrechen

16

fare alla romana	«es auf römische Art machen»; jeden für sich selbst bezahlen lassen
il conto	die Rechnung
per conto suo	für sich selbst, auf eigene Rechnung
sentirsi obbligato	sich verpflichtet fühlen

17

la seccatura	die Unannehmlichkeit, Schererei
farsi il sangue cattivo	«sich böses Blut machen»; sich aufregen, sich ärgern
pazienza un corno!	«alles andere als Geduld», zum Teufel mit der Geduld!
mẹttere alla prova	unter Beweis stellen
averne le tasche piene	«die Taschen voll davon haben»; die Nase voll davon haben
sbạttere la porta	die Tür zuschlagen

mandare tutti a quel paese	«alle in dieses Land schikken»; alle zum Teufel schicken
licenziare	entlassen
la pazienza mi scappa	ich verliere die Geduld

18

arcistufo	völlig überdrüssig
dannato	verdammt
il caporeparto	der Abteilungsleiter
io ne ho fin qui	es steht mir bis hier
scommẹttere	wetten
l'equịvoco	das Mißverständnis

19

il chiasso	der Lärm, der Krach
il senso	der Sinn
il particolare	die Einzelheit
contrario	dagegen, gegenteilig
è caduta la lịnea	die Verbindung ist unterbrochen

20

di tanto in tanto	von Zeit zu Zeit
frequentare	besuchen, verkehren, Umgang haben mit
il compagno di studi	der Studienkollege

21

fare apposta	mit Absicht tun
scappare	weggehen, sich aufmachen

3

mi spiace (dispiace)	es tut mir leid
il disturbo	die Störung
ẹssere desolato	bedauern
sono spiacente	es tut mir leid
non importa	es macht nichts

22

andare in bestia	wütend werden, sich aufregen

23

dare importanza a	etw. Bedeutung beimessen
come sarebbe a dire?	was soll das heißen?

24

imbucare	einwerfen

27

la prạtica	die Akte
completare	vervollständigen

Grammatik

il fiore	die Blume

28

confọndere	verwechseln

29

la botta	der Schlag, der Stoß
la fiancata	die Seitenwand, die Seite
ammaccare	verbeulen, einschlagen
mal conciato	übel zugerichtet
venire addosso	hier: auffahren, zusammenstoßen
la precedenza	die Vorfahrt
lo stop	das Stoppschild
il segno	das Zeichen
fare segno	ein Zeichen geben
l'abbagliante (m.)	das Fernlicht
l'istante (m.)	der Augenblick
il botto	der Schlag
lampeggiare	blinken
fermo!	halt!
bel pasticcio!	eine schöne Bescherung!
il faro	der Scheinwerfer

30

il grido	der Schrei

31

odiare	hassen
la lettura	die Lektüre
l'alternativa	die Alternative

il fumetto	der Comic
ritenere	meinen, halten für
la distrazione	die Zerstreuung
lo strumento	das Instrument
la tortura	die Folter
rifiutarsi	sich weigern
la scelta	die (Aus-)Wahl
sufficiente	genügend, ausreichend
ordinare	befehlen
la stampa	die Presse

32

principale	hauptsächlich
diffuso	verbreitet
paragonare	vergleichen
popolare	volkstümlich, beliebt, populär
il periọdico specializzato	die Fachzeitschrift
il quotidiano	die Tageszeitung
dove vẹngono pubblicati	wo sie erscheinen

4 Raccontare fatti passati

il fatto	das Ereignis
passato	vergangen
c'era una volta	es war einmal

1

nel Seicento	im 17. Jahrhundert
irregolare	unregelmäßig
in gẹnere	im allgemeinen
assai	sehr
il pacco	das Paket
il corriere	der Kurier
determinato	bestimmt
la destinazione	das Ziel
e così via	und so weiter
il sistema	das System
il cavallo	das Pferd
la diligenza	die Postkutsche
impiegare	brauchen (Zeit)
variare	sich ändern, wechseln
la circostanza	der Umstand

2

il colpo	der Schlag
il nipote	der Enkel
lamentarsi	sich beschweren, klagen
soffrire	leiden
la disgrazia	das Unglück

3

il diario	das Tagebuch
il maestro	der Lehrer
durante l'entrata	beim Hineingehen
affacciarsi	sich zeigen
lo scolaro	der Schüler
strịngere (stretto)	drücken
pọrgere	reichen, hinstrecken
rallegrarsi	sich freuen
parere	scheinen

1

nel frattempo	in der Zwischenzeit
la ginnạstica	die Gymnastik

4

la memoria	das Gedächtnis, die Erinnerung
intitolato	mit dem Titel
vestivamo alla marinara	wir trugen immer Matrosenkleider
lo scaffale	das Regal, das Gestell
la governante	die Gouvernante, Erzieherin
il riscaldamento	die Heizung
la lampadina	die Glühbirne
la luce	das Licht
grigio	grau
spesso	dicht, dick
blu (unveränderl.)	blau
la mezza stagione	die Übergangszeit
l'educazione (w.)	die Erziehung
britạnnico	britannisch, britisch

5

tracciare	zeichnen
conservare	bewahren
l'ịncubo	der Alptraum
la sfuriata	der Wutausbruch
esplọdere (esploso)	explodieren
improvviso	unvorhergesehen
sovente	oft
mịnimo	(der) geringste
fulminato	ausgebrannt
lieve	leicht
la pietanza	das Gericht (Essen)
cotto	gekocht, gar
tuttavịa	dennoch, trotzdem
la litigata	der Streit

6

dipịngere (dipinto)	malen
il quadro	das Bild, Gemälde
far vedere	zeigen

2

un giorno sì e un giorno no	einen über den anderen Tag

7

che ti importa?	was geht es dich an?

8

ragionavo fra me e me	ich habe mit mir selbst gesprochen

10

la palestra	die Turnhalle
fare una corsa	schnell irgendwohin gehen, fahren

11

fortunati voi!	ihr Glücklichen!

13

la cartolina	die Ansichtskarte
nevicare	schneien
il monte	der Berg
la fatica	die Anstrengung
l'esperienza	die Erfahrung

14

il tribunale	das Gericht
il cliente	der Mandant

15

la ladra	die Diebin
il capostazione	der Bahnhofsvorsteher
sorrịdere	lächeln
girare intorno	umkreisen, herumschwänzeln um
il tipetto	der kleine Kerl
i baffi	der Schnurrbart
asciutto	dürr, trocken
scemo	dumm
depravato	verderbt, verdorben
le ferramenta	die Werkzeuge
crespo	kraus
pacịfico	friedlich
essere innamorato di	verliebt sein in
la fontana	der Brunnen
lo schiaffo	die Ohrfeige
prẹndere a schiaffi	ohrfeigen
la mano (le mani)	die Hand
la guancia	die Wange

16

il disco	die Schallplatte

17

il ragioniere	der Buchhalter
prima o poi	früher oder später
il barạttolo	die Dose, der Behälter
l'additivo	der Zusatz
chịmico	chemisch
il colorante	der Farbstoff
artificiale	künstlich
il fatto stọrico	das historische Ereignis

18

la gloria	der Ruhm

la guerra espansionịstica	der Expansionskrieg
conquistare	erobern
la penịsola itạlica	die italische Halbinsel
il soldato	der Soldat
il contadino	der Bauer
costrịngere (costretto)	zwingen
il campo	das Feld
combạttere	kämpfen
andare in rovina	verfallen, zugrunde gehen
immenso	riesig
la plebe	das Volk
affamato	hungrig, verhungert
riversarsi	sich ergießen, strömen
nell'urbe	in die Stadt (Rom)
l'assistenza	die Fürsorge
il cibo	das Essen, die Verpflegung
il grano	der Weizen, das Korn
laziale	aus dem Lazio (Region, in der Rom liegt)
in stato d'abbandono	in verfallenem, verlassenem Zustand

19

il re	der König
Federico II di Svevia	Friedrich II. von Hohenstaufen
la corona	die Krone
il regno	das Reich, die Herrschaft
ereditare	erben
imperiale	Kaiser-, kaiserlich
il sovrano	der Souverän
fissare la corte	sich mit dem Hof niederlassen
mirare a	streben nach
il possesso	das Besitztum
affermarsi	sich herausbilden, sich durchsetzen
divenire	werden
il filọsofo	der Philosoph
lo scienziato	der Wissenschaftler
l'artista	der Künstler

20

il mucchio	die Ansammlung, der Haufen
nudo	nackt, bloß
appẹndere (appeso)	aufhängen
l'impiccato	der Gehenkte, der Erhängte
l'inno	die Hymne
la giovinezza	die Jugend
il fascista	der Faschist
gridare	schreien
la spia	der Spion
il traditore	der Verräter
sparare	schießen
la rạffica	der Feuerstoß, der (Kugel-) Hagel
il mitra	das Maschinengewehr
rovesciarsi	umfallen, umstürzen
svenire	ohnmächtig werden

21

viva la patria!	es lebe das Vaterland!

22

la vignetta	der Witz, die Vignette
fascista	faschistisch
ucciso (uccịdere) da	getötet von
il partigiano	der Partisan
fare società	sich zusammenschließen, eine Firma gründen
il piattino	der kleine Teller

23

la scuola elementare	die Grundschule
la maestra	die Lehrerin
glorioso	ruhmreich
l'ẹroe (gli eroi)	der Held
stupito	erstaunt, verwundert
il valore	die Tapferkeit, der Wert
dimostrare	zeigen

l'antenato	der Vorfahre
il dubbio	der Zweifel
l'autenticità	die Echtheit, die Glaubwürdigkeit
la leggenda	die Legende

Grammatik

trionfalmente	triumphierend

24

fu incoronato imperatore	er wurde zum Kaiser gekrönt
il papa	der Papst
la crociata	der Kreuzzug
il contemporąneo	der Zeitgenosse
la navigazione	die Seefahrt
affįggere (affisso)	anheften, anschlagen
la tesi (le tesi)	die These
il pǫpolo	das Volk
riportare la vittoria su	den Sieg erringen über
l'assolutismo	der Absolutismus
furono dichiarati	sie wurden verkündet
il parlamento	das Parlament
torinese	Turiner, aus Turin
proclamare	verkünden, ernennen, ausrufen
l'industrializzazione (w.)	die Industrialisierung
nel Novecento (nel ventesimo secolo)	im 20. Jahrhundert

25

la barba	der Bart
la cima	der Gipfel
la cąscina	das Bauernhaus, die Sennerei
rotondo	rund
il muraglione	die dicke, hohe Mauer
il coccio di vetro	die Glasscherbe
bussare	anklopfen
gli fu aperto	es wurde ihnen geöffnet
il cortile	der Hof
la ringhiera	das Geländer
sprangato	verriegelt, vergittert
lisciare	glattstreichen
luccicare	glänzen
guardare brutto	böse ansehen
la sedia	der Stuhl
il velluto	der Samt
il pęttine	der Kamm
pettinare	kämmen

26

pǫvero	arm
filare	spinnen
la filatrice	die Spinnerin
far campare	leben lassen
boia	verdammt, verflucht
il boia	der Henker, der Halunke
restare di stucco	verblüfft sein
uno peggiore	ein Schlimmerer, Schlechterer
il filato	das Garn

27

il lino	das Leinen
la corda	die Kordel, die Schnur
impiccare	aufhängen
la forca	der Galgen
il capo	das Ende
il gomįtolo	das Knäuel

28

il maestro di casa	Haushofmeister
męttere insieme il pranzo e la cena	sparen müssen (= Mittag- und Abendessen zusammenlegen)

Grammatik

squillare	läuten

29

grazioso	reizend, hübsch
la bancarella	der Verkaufsstand
męttere tutto sossopra	alles durcheinander bringen

30

innumerẹvole	unzählbar, unzählig
il tentativo	der Versuch
il colloquio	die Unterredung, das Gespräch
stabilito	festgelegt
spiacẹvole	unangenehm, unerfreulich, bedauerlich
la cạmera sịngola	das Einzelzimmer
prevedere (previsto)	vorsehen, vorhersehen
disponịbile	verfügbar, frei, zur Verfügung
trattare	verhandeln
arrangiarsi	sich behelfen
rimborsare	erstatten, zurückzahlen
il supplemento	der Aufschlag, der Zuschlag
diverso	verschieden

32

avvicinarsi	sich nähern, näherkommen
riconọscere	wiedererkennen
pọrgere il saluto	(be-)grüßen

5 Prendere posizione I

prẹndere posizione	Stellung nehmen
fare strada	es weit bringen

1

il disegno	die Zeichnung
simbọlico	symbolisch
la sfinge	die Sphinx
l'avvento	die Ankunft
la tecnologịa	die Technologie
il cambiamento	die Veränderung
radicale	radikal, grundlegend
esatto	genau, richtig
la misura	das Maß

2

giocare a scacchi	Schach spielen
il computer	der Computer
l'orrore (m.)	der Schauder, Abscheu, Schreck
che orrore!	wie schrecklich!
il calcolatore	der Rechner
applicare	anwenden
la rẹgola	die Regel
la precisione	die Genauigkeit
la correttezza	die Richtigkeit, Korrektheit
l'assurdità	die Sinnlosigkeit, Absurdität
l'aggeggio	das Ding (da)
anzi	im Gegenteil, besser noch, vielmehr

3

collegare	verbinden
il cervello elettrọnico	das Elektronenhirn
meccạnico	mechanisch
il braccio (le braccia)	der Arm
in modo da	so daß, derart daß
capace	fähig
l'oggetto	der Gegenstand
trasportare	transportieren
l'operazione (w.)	die Handlung, Aktion, Operation
preciso	genau
delicato	zart, empfindlich
il robot	der Roboter
l'inventore (m.)	der Erfinder
realizzare	verwirklichen
faticoso	anstrengend, beschwerlich
sostituire	ersetzen

4

introdurre (introdotto)	einführen
il reparto ragionerịa	die Buchhaltungsabteilung

specializzarsi	sich spezialisieren
l'uso	der Gebrauch
il corso di qualificazione professionale	der (berufliche) Fortbildungskurs

1

è più che giusto	es ist mehr als richtig, vollkommen richtig
l'avviso	die Meinung
il parere	die Meinung
sono del suo avviso / parere	ich bin Ihrer Meinung
condivịdere (condiviso)	teilen
l'opinione (w.)	die Meinung, Auffassung
il punto di vista	der Gesichtspunkt

5

cascare	fallen
il cielo	der Himmel
la creatività	die Kreativität

6

dantesco	Dante betreffend
la memoria	die Denkschrift
l'astronomịa	die Astronomie
il poeta	der Dichter
la Divina Commedia	die Göttliche Komödie (Hauptwerk Dantes)
lo scopo	das Ziel
rintracciare	heraussuchen, auffinden
catalogare	auflisten
il poema	das Gedicht
il riferimento	der Bezug
astronọmico	astronomisch
terminare	beenden
raggiụngere	erreichen
la sede	der Sitz, Standort
la manifestazione	die Veranstaltung
notare	bemerken
veniva mostrato	es wurde gezeigt
il pụbblico	das Publikum, die Öffentlichkeit
la funzione	die Funktion
incuriosito	neugierig (geworden)
cosa c'entra?	was hat es damit zu tun?

7

mi fu spiegato	mir wurde erklärt
avere in memoria	gespeichert haben
ritrovare	(wieder-)finden
l'inquietụdine (w.)	die Unruhe
elencare	auflisten
il verso	der Vers
comparire	erscheinen, auftauchen
la parola chiave	das Stichwort
anzi	besser noch, vielmehr
la tastiera	die Tastatur
il foglio di carta	das Blatt Papier
prẹndere a uscire	herauskommen
rumoroso	laut, lärmend, geräuschvoll
la fessura	der Spalt
avanzare	vorrücken, vorgehen
montare	aufsteigen
la stella	der Stern
imbiancare	weiß färben
la striscia	der Streifen, Strich
l'elenco	die Liste, das Verzeichnis
il sorriso	das Lächeln
compilare	zusammenstellen

8

il lato	die Seite
umorịstico	humoristisch
l'anọnimo	der Unbekannte
il sẹcolo	das Jahrhundert
il principio	der Anfang
la ruota	das Rad
strettamente segreto	streng geheim
l'apertura	die Eröffnung
il salone	der (Auto-)Salon
storie!	dummes Zeug!
il telo	das Tuch

9

la borghesịa	das Bürgertum

tecnolọgico	technologisch
ẹssere alla guida	führen, leiten
la letteratura	die Literatur
profetizzare	vorhersagen
l'influenza unificatrice	der vereinende Einfluß
il linguaggio	die Sprache, die Ausdrucksweise
invạdere (invaso)	einfallen, besetzen
il lẹssico	der Wortschatz
la forza	die Gewalt, Kraft
spẹgnersi	erlöschen
il latino	Latein(isch)
la struttura sintạttica	die Satz(bau)struktur
subire	erdulden, durchmachen
profondo	tief, tiefgreifend
la rivoluzione	die Revolution

11

amaro	bitter
sopportare	ertragen, aushalten
il compagno	der Kamerad
arricchirsi	sich bereichern, reicher werden
passare sopra a	hinweggehen über, keine Beachtung schenken
l'errore (m.)	der Irrtum
chissà	wer weiß
il pleonasmo	der Pleonasmus

12

l'essenziale (m.)	das Wichtigste, die Hauptsache
il cạvolo	der Kohl
perché cạvolo ...!	warum zum Teufel ...!
nemmeno	nicht einmal, auch nicht
essere diretto	gerichtet sein, zum Ziel haben
il peccorone	das große Schaf

2

normale	normal
ụtile	nützlich
noioso	langweilig, lästig
ridịcolo	lächerlich
strano	seltsam, sonderbar

13

il vegetariano	der Vegetarier
il prịncipe	der Prinz, Fürst
ẹssere uniti	vereint sein
lo sforzo	die Anstrengung
l'animale (m.)	das Tier
il delitto	das Verbrechen, Delikt

14

il tempo	der Takt, Rhythmus
sfamare	den Hunger stillen
il Terzo mondo	die dritte Welt
avere a portata di mano	zur Hand haben, in greifbarer Nähe haben
grigio perla	perlgrau
la zoomata	der Kameraschwenk (mit dem Zoom)
allusivo	anspielend
simulare	vortäuschen, simulieren
incontenịbile	unbezähmbar
il gaudio	die Freude, der Spaß
noto	bekannt
l'Etiopia	Äthiopien
colpire	treffen
considerare	betrachten
ignoto	unbekannt
indifferente	gleichgültig
crepare	umkommen, krepieren
remoto	entfernt, fern
l'Indonesia	Indonesien
sconosciuto	unbekannt
l'Amazzonia	Amazonien
la Terra del fuoco	Feuerland
il miliardo	die Milliarde
il megaconcerto	das Riesenkonzert, Superkonzert
il contorcimento	die Verrenkung
l'urlo	das Geschrei, Geheul

15

il pianeta	der Planet
puro	rein
la follịa	der Wahnsinn
risọlvere	lösen
la beneficenza	die Wohltätigkeit
la vẹndita	der Verkauf
la popolarità	die Beliebtheit, Popularität
il / la cantante	der / die Sänger/in

3

il concerto di beneficenza	das Wohltätigkeitskonzert
contribuire	beitragen
magari	gebe Gott, wollte Gott ...
l'impressione (w.)	der Eindruck

16

protestare	protestieren
riguardo a	was anbetrifft
la pace	der Frieden
la vergogna	die Schande
furono fatti baronetti	sie wurden zu Baronets ernannt
il mẹrito	das Verdienst
musicale	musikalisch
concẹdere (concesso)	zugestehen, einräumen, erlauben
l'onorificenza	die Ehrung, die Medaille
spuntare fuori	auftauchen
nominare	ernennen
sịmile	ähnlich
non ha fatto un tubo (fam.)	er hat keinen Streich getan
il partecipante	der Teilnehmer
il Live-Aid	Konzert zugunsten der Hungernden
tradire	verraten
il razzismo	der Rassismus
opporsi (opposto)	sich widersetzen
assolutamente	unbedingt, absolut
ammissịbile	zulässig, erlaubt

17

esasperato	verbittert, gereizt
la miseria	das Elend
vịncere (vinto)	siegen
il mendicante	der Bettler
pẹrdere (perso)	verlieren

6 Descrivere ...

1

l'altra sera	vorgestern abend
snello	schlank
scuro	dunkel
italo-americano	italo-amerikanisch, Italo-Amerikaner

2

medio	mittlerer, durchschnittlich
la statura	die Größe, die Statur
avere i capelli neri	schwarze Haare haben
lo schizzo	die Skizze

Grammatik

biondo	blond

3

l'inserzione (w.) matrimoniale	die Heiratsanzeige
il/la quarantenne	der/die Vierzigjährige
la presenza	das Aussehen
serio	ernsthaft, anständig
la vẹdova	die Witwe
la casella (postale)	das Postfach
SIP (= Società Italiana per l'Esercizio Telefọnico)	ital. Telefongesellschaft
sofisticato	gekünstelt, hier: hochelegant
intellettuale	geistig, intellektuell
adeguato	passend
il professionista	der Freiberufler
preferibilmente	vorzugsweise, lieber
il commercialista	der Diplomkaufmann

scạpolo	ledig, Junggeselle
la laureata	die Akademikerin
la diplomata	die Inhaberin eines Diploms

4

l'altoparlante	der Lautsprecher
castano	(kastanien)braun
indossare	tragen (Kleidung)
il maglioncino	das Pullöverchen
a strisce	gestreift
la giacchetta	das Jäckchen
la giacca a vento	die Windjacke, der Anorak
il pianterreno	das Erdgeschoß, Parterre

1

robusto	kräftig
bruno	braun
celeste	hellblau
la camicetta	die Bluse
bianco	weiß
il quadretto	das kleine Quadrat, Kästchen
a quadretti	kariert
giallo	gelb
la gonna	der Rock
la camicia	das Hemd
il vestito	das Kleid, der Anzug
il soprạbito	der Mantel
lungo	lang
l'impermeạbile (m.)	der Regenmantel
beige	beige
il calzino	die Socke
chiaro	hell
gli occhiali da sole	die Sonnenbrille

5

perbene	anständig, rechtschaffen

6

la storia di suspense	die spannende Geschichte
l'intrigo	die Intrige, die Machenschaft
l'autore (m.)	der Autor, der Schriftsteller
stimare	schätzen
sconvọlgere (sconvolto)	erschüttern, durcheinanderbringen
la trama	die Intrige, Machenschaft, Geschichte
la violenza	die Gewalt
il ricatto	die Erpressung
la corruzione	die Bestechung, Korruption
lo scampo	der Ausweg, die Rettung
trascinare	ziehen
il/la componente	das Mitglied
duro	hart
la lotta	der Kampf
salvare	retten
la ricostruzione	der Wiederaufbau, die Wiederherstellung
morale	moralisch

7

trasferire	versetzen
qualificato	(gut) ausgebildet, qualifiziert
laureato in economịa	mit Studienabschluß in Wirtschaftswissenschaften
il mạrketing	das Marketing
in più	außerdem
piuttosto	eher
riservato	zurückhaltend

Grammatik

la frontiera	die Grenze
franco-italiano	französisch-italienisch
l'ọpera	das Werk
greco-romano	griechisch-römisch

8

Eureka	«heureka», griechisch: «Ich habe es gefunden!»
il corso	der Verlauf
l'attività	die Tätigkeit
lanciare un grido	einen Schrei ausstoßen

Archimede	Archimedes (altgriechischer Mathematiker)
la cultura generale	die Allgemeinbildung
compreso	inbegriffen, einschließlich
l'organizzatore (m.)	der Organisator
l'animatore (m.)	der Animator, der Initiator, der Förderer
il formatore	der Ausbilder
commerciale	Handels-, den Handel betreffend
motivante	anregend, motivierend
la rete commerciale	das Handelsnetz
l'emblema (m.)	das Sinnbild, das Symbol
nel campo dei servizi	im Dienstleistungsbereich

9

la dote	die Eigenschaft
spiritoso	geistreich, witzig
ciascuno	jeder
citare	erwähnen, zitieren

10 e 11

entusiasmante	begeisternd, mitreißend
l'aspirazione (w.)	das Bestreben, das Ziel
esercitare una professione	einen Beruf ausüben
gratificante	lohnend
sotto tutti gli aspetti	in jeder Hinsicht
mẹttere a punto	genau umreißen
il corso qualificante	der Weiterbildungskurs, Fortbildungskurs
esclusivo	exklusiv, geschlossen
il conseguimento del diploma	das Erlangen des Diploms
il diploma	das Diplom
automạtico	automatisch
il segreto	das Geheimnis
la tẹcnica	die Technik
eventuale	möglich
la radio lịbera	die freie (private) Rundfunkanstalt
convenzionare	vereinbaren
la prova prạtica	die praktische Probe
l'insegnamento a distanza	der Fernunterricht, das Fernstudium
la preparazione	die Vorbereitung
il concorso pụbblico	das öffentliche Auswahlverfahren, der staatliche Wettbewerb
l'operatore computer	der Computerfachmann
il perito	der Sachverständige
l'elettrọnico	der Elektronikfachmann
l'elettrotẹcnico	der Elektrotechniker
il designer	der Zeichner, der Designer
il montatore	der Monteur
il sistema antifurto	das Alarmsystem
lo/la stilista di moda	der/die Modestilist/in
l'arredatore (m.)	der Innenarchitekt
la dattilọgrafa	die Stenotypistin
la maestra d'asilo	die Kindergärtnerin
la formazione alla vẹndita	die Ausbildung für den Verkauf
l'operatore commerciale	der Verkäufer, der Verkaufsfachmann
il mercato ẹstero	der ausländische Markt
l'elettrọnica solare	die Solarelektronik
l'accompagnatore turịstico	der Reiseleiter
senza alcun impegno	ohne jegliche Verpflichtung

2

la qualịfica	die Ausbildung, die Qualifikation
liberarsi	frei werden
iscrịversi	sich einschreiben, sich anmelden
il corso superiore	der Fortgeschrittenenkurs
guidare	fahren, lenken (Auto)
le lẹttere	die Literaturwissenschaft, die Philologie
laureato in legge	mit Studienabschluß in Rechtswissenschaft
dinạmico	dynamisch

creativo	schöpferisch, krẹativ
intraprendente	unternehmend, aktiv
al mạssimo	höchstens
particolare	besonderer
presentarsi	sich bewerben

12

lọ show	die Show
interpretare il ruolo di ...	die Rolle von ... spielen
sequestrare	entführen
l'estremista (m.)	der Extremist
l'attrice (w.)	die Schauspielerin

13

lottare	kämpfen
cạpperi!	verflixt!
maturo	reif

14

la scritta	die Aufschrift, Inschrift
la parete	die Wand
opprịmere (oppresso)	unterdrücken

15

il circo	der Zirkus
l'istituto di rieducazione	die Erziehungsanstalt
onesto	ehrlich, anständig
ụmile	niedrig, gering
discọrrere	sich unterhalten
nei pressi di	in der Nähe von
stazionare	haltmachen, sich befinden
la roulotte	der Wohnwagen
il dipendente	der Angestellte, Untergebene
il volto	das Antlitz, Gesicht
radioso	strahlend
lụcido	glänzend

3

la cognata	die Schwägerin
antipạtico	unsympathisch

16

incịdere (inciso)	aufnehmen (Schallplatte etc.)

17

usato	gebraucht
la rarità	die Seltenheit, die Rarität
l'assortimento	das Sortiment, die Auswahl
vasto	weit, groß
il catạlogo	der Katalog
la pẹrmuta	der Eintausch, Umtausch

18

di chi è questa mạcchina?	wem gehört dieses Auto?
è mịa	es gehört mir

19

dirimpetto a	gegenüber von
largo	weit
far(e) strịngere	enger machen lassen
ritirare	abholen
vorrei tanto	ich möchte sehr gern

20

funzionale	zweckmäßig, praktisch, funktional
ạgile	flink, wendig
confortẹvole	bequem
l'abitạcolo	der Innenraum (Auto)
accogliente	gemütlich, freundlich
il vano bagagli	der Kofferraum
ampliare	vergrößern, erweitern
il divano posteriore	der Rücksitz
elạstico	elastisch
basso	niedrig
il consumo	der Verbrauch
la velocità di crociera	die Reisegeschwindigkeit
fidarsi	vertrauen

21

cambiare casa	umziehen
accessịbile	erschwinglich

spazioso	geräumig
pịccolo pịccolo	sehr klein
sistemare	einrichten
essenziale	wesentlich, hauptsächlich

22

senza riserva	ohne Vorbehalt
ideale	ideal
il difetto di fabbricazione	der Fabrikationsfehler
la merce	die Ware
il tagliando di controllo	der Kontrollabschnitt
inserire	hinzufügen, hineintun
l'imballo	die Verpackung

23

sospeso	erhoben, oberhalb, in Höhenlage
la tenda	der Vorhang
il mọbile	das Möbelstück
il mobiletto	das Kleinmöbel
provvisorio	provisorisch
gẹlido	eisig
efficiente	wirksam, leistungsfähig
l'angoscia	die Angst

4

il vano	der Raum
i servizi	die Nebenräume, Küche und Bad
la terrazza	die Terrasse
il bagno	das Bad
il salotto	das Wohnzimmer
la cạmera da letto	das Schlafzimmer
lo studio	das Arbeitszimmer
la stanza per i bambini	das Kinderzimmer
l'ascensore (m.)	der Aufzug
l'affitto	die Miete
in periferịa	am Stadtrand
il villaggio	das Dorf

24

circondare	umgeben
sọrgere	sich erheben
il prato	die Wiese, der Rasen
il materiale	das Material, der Stoff
il mattone	der Ziegelstein
la pietra	der Stein
il legno	das Holz
il cemento	der Zement
l'abitazione (w.)	die Wohnung
tịpico	typisch
la casa colọnica	das Bauernhaus
essere costituito da	bestehen aus
il fabbricato	der Bau, das Gebäude

25

ardito	kühn
i dati	die Daten, Angaben
distribuire	verteilen
il ponte	die Brücke
la corsịa	der Fahrstreifen
per ogni senso di marcia	in jeder Fahrtrichtung
il binario	das Gleis
la torre	der Turm
la campata	die Spannweite
la lunghezza	die Länge
l'altezza	die Höhe
la larghezza	die Breite
l'impalcato	die Brückenbalken
l'emergenza	der Notfall
la tonnellata	die Tonne
per due	mal zwei
il cavo	das Kabel
definitivo	endgültig, definitiv

26

la valle	das Tal
il Bẹlice	Fluß und Gegend in Sizilien
il terremoto	das Erdbeben
il governo	die Regierung
ricostruire	wiederaufbauen

costruire (costruito)	bauen
il giornale-radio	die Rundfunknachrichten

27

andare in scena	aufgeführt werden
il dramma	das Drama
contestatịssimo	aufs höchste kritisiert, abgelehnt
la spazzatura	der Müll
la prima	die Uraufführung, die Premiere
mondiale	Welt-, weltlich

28

pịangere	weinen
la sposa	die Braut
la pattuglia di carabinieri	die Carabinieri-Streife
spazientirsi	die Geduld verlieren
il militare	der Angehörige des Militärs
arrestare	festnehmen, verhaften
l'oltrạggio a pụbblico ufficiale	die Beamtenbeleidigung
la caserma	die Kaserne
prevalere (prevalso)	überwiegen, die Oberhand gewinnen
il buonsenso	der gesunde Menschenverstand

30

il top dei consumi	die Spitze der Ausgaben, die höchsten Ausgaben
gli alimentari	die Lebensmittel, die Ernährung
il grạfico	die graphische Darstellung
la spesa	die Ausgabe
la categorịa	die Gruppe, die Kategorie
il vestiario	die Kleidung

7 Fare paragoni

il paragone	der Vergleich

1

il genio	das Genie
universale	allgemein, umfassend, universal
il drammaturgo	der Dramaturg
il romanziere	der Romanautor
il pittore	der Maler
la filosofịa	die Philosophie
le scienze naturali	die Naturwissenschaften
dedicare	widmen
la tragedia	die Tragödie
l'operetta	das kleine Werk
giovanile	jugendlich, Jugend-
di colpo	mit einem Schlag, sofort
il suicidio	der Selbstmord
il protagonista	der Hauptdarsteller, die Hauptfigur

2

prẹndere esempio da	sich ein Beispiel nehmen an
ordinato	ordentlich
il maschio	der Mann

3

nervoso	nervös
seccare	ärgern, belästigen
applicarsi	sich anstrengen, fleißig sein
balle!	Unsinn!
l'intelligenza	die Klugheit, die Intelligenz
superiore a	größer, überlegen
inferiore a	kleiner, geringer, unterlegen

4

il luogo comune	der Gemeinplatz
l'indivịduo	die Person, das Individuum
curare l'amicizia	die Freundschaft pflegen
mancare	fehlen

5

lo svedese	der Schwede
nọrdico	nordisch, nördlich
latino	romanisch (rund um das Mittelmeerbecken)
superficiale	oberflächlich
la cortesịa	die Höflichkeit
l'estrạneo	die Fremde
presupporre	voraussetzen
l'intimità	der vertraute Umgang, die Intimität
il disegnatore	der Zeichner

6

la considerazione	die Betrachtung, Überlegung
lo scrittore	der Schriftsteller
il monumento	das Denkmal
la rivendicazione	die Forderung, der Anspruch
il privilegio	das Vorrecht, Privileg
il progresso	der Fortschritt
illụdersi	sich Illusionen machen
brutto	häßlich
il giudizio	das Urteil
altrui	anderer
a meno che (mit Konj.)	außer wenn, es sei denn, daß
infelice	unglücklich

1

il passatempo	der Zeitvertreib, die Freizeitbeschäftigung
non ... né ... né	weder ... noch
la preferenza	die Vorliebe

7

la civiltà	die Kultur, Zivilisation
immortale	unsterblich
la sciagura	das Unglück, der Unfall
l'analfabetismo	der Analphabetismus
la sconfitta	die Niederlage
la catạstrofe	die Katastrophe
attribuire	zuschreiben, zuerkennen

8

il carnevale	der Karneval
in maniera collettiva	gemeinsam, kollektiv
il club	der Club
la vettura	der Wagen
il cortẹo	der (Fest-)Zug
individuale	individuell
esibirsi	sich zeigen, sich zur Schau stellen
la calle	die Straße (in Venedig)

9

Bacco	Bacchus (Gott des Weines)
Arianna	Ariadne (griech. Naturgöttin)
carnevalesco	Karnevals-, karnevalistisch
fuggire	fliehen, enteilen
la certezza	die Sicherheit, Gewißheit
l'orecchio	das Ohr
nessun(o) si paschi	niemand gebe sich falschen Hoffnungen hin
la fẹmmina	die Frau, das Weib
tristo (veraltet)	schlecht, schlimm
ogni tristo pensier(o) caschi	jeder schlechte Gedanke möge weichen
arda il c(u)ore	das Herz möge brennen
ciò c'ha a esser, convien sịa	was sein soll, möge geschehen (das sei)

10

statịstico	statistisch
il calo	der Rückgang, der Schwund
la nạscita	die Geburt
provocare	hervorrufen, provozieren
curioso	sonderbar

la generazione	die Generation, Altersgruppe
settentrionale	nördlich, Nord-

11

la natalità	die Geburtenzahl
la diminuzione	die Abnahme, Verminderung
il flusso migratorio	die Wanderbewegung
calare	abnehmen, sinken
crẹscere	wachsen

12

avvenire	sich ereignen
oltreocẹano (Adv.)	in/nach Übersee
contrarre (contratto)	sich zuziehen (Krankheit)
la dẹdica	die Widmung
l'imperialismo	der Imperialismus

13

ọttimo	sehr gut
il migliore	der beste
la decina	(ungefähr) zehn
intẹndersi di	etwas verstehen von
la differenza	der Unterschied
il nostrano	der hiesige (Wein)
il vino da tạvola	der Tischwein
pẹssimo	sehr schlecht
l'annata	der Jahrgang
precedente	vorangegangen, vorig

14

parecchio (Adv.)	ziemlich (viel), sehr
pugliese	aus Apulien

15

intruppato	zusammengetrieben

16

la Calabria	Kalabrien
la festa del patrono	das Fest des Schutzpatrons
la festa paesana	das Dorffest
l'infanzia	die Kindheit
l'illuminazione (w.)	die Beleuchtung
la banda musicale	die Musikkapelle
la marcia (le marce)	der Marsch
il passeggio	der Spazier-/Rundgang
la processione	die Prozession
i fuochi artificiali	das Feuerwerk
la chiusura	der Abschluß
la noia	die Langeweile

17

maggiorenne	volljährig
rovinare	ruinieren
la bugịa	die Lüge
dire bugịe	lügen
per carità!	um Gottes willen! Aber ich bitte Sie / dich!
sarebbe ancora peggio	das wäre noch schlimmer
la fiducia	das Vertrauen
ragionare	überlegen, nachdenken
la mentalità	die Mentalität, die Denkweise
arretrato	rückständig
negare	leugnen

18

trasferirsi	sich begeben, umziehen
essere disposto	bereit sein
qualunque sacrificio	jedes (erdenkliche) Opfer
l'ingegnerịa	das Ingenieurwesen
la facoltà	die Fakultät

19

respirare	atmen
il gas	das (Auspuff-)Gas

20

costituire	darstellen

lo spostamento	die Verlegung, Verschiebung
successivo	folgender
l'eccezione (w.)	die Ausnahme

21

il deficit	das Defizit
la polemica	die Auseinandersetzung, Polemik
abolire	abschaffen
la bandiera	die Fahne

22

l'eguaglianza	die Gleichheit, Gleichstellung
numeroso	zahlreich
il per cento	das Prozent
la fascia di età	die Altersgruppe
l'anziano	der alte/ältere (Mensch)
nascere	geboren werden
il livello	das Niveau
l'infermiere (m.)	der Krankenpfleger
il tentato suicidio	der Selbstmordversuch
la disperazione	die Verzweiflung
la determinazione	die Entschlossenheit

23

lo schermo	der Bildschirm
discutere	diskutieren
mica male (fam.)	nicht übel, nicht schlecht

24

Rodi (w.)	Rhodos

25

sciagurato	unglücklich, unglückselig
corteggiare	den Hof machen
il partito	die Partei
il sindacato	die Gewerkschaft
il bottegaio	der Händler, Kaufmann
il corpo	der Körper
la mente	der Geist
l'anno luce	das Lichtjahr
la galera	das Gefängnis
la solitudine	die Einsamkeit
la sofferenza	das Leid(en)
insopportabile	unerträglich

8 Chiedere e desiderare

1

l'a (meist w.)	das A
il fattorino	der (Eil-)Bote
stare in pena	besorgt sein
la prigione	das Gefängnis
il muro	die Mauer
il gesso	die Kreide
il pezzetto	das Stückchen
rammentarsi di	sich erinnern; beweinen

2

l'ingrandimento	die Vergrößerung
lo scontrino	die Quittung, der Abholschein

3

l'analisi (w.)	die Analyse

4

la decisione	die Entscheidung
progettare	planen
allegare	beifügen
l'oretta	das Stündchen

5

l'omaggio	die Ehrung
presentare gli omaggi	huldigen
estremo	äußerste(r)
piantarla (fam.)	aufhören

6

l'inconveniente (m.)	die Schwierigkeit, Schererei

7

il mịnimo	der Leerlauf
regolare	regulieren
riparare	reparieren

8

l'infortunio	der (Arbeits-)Unfall
la scala	die Leiter
rọmpersi	sich brechen
la colonna vertebrale	die Wirbelsäule
il funerale (oft im Plural)	die Beerdigung, das Begräbnis, die Trauerfeier
ringraziare la signora	der Signora danken

9

prẹndere in prẹstito	(von jdm.) leihen
la scheda	der Schein
differente	verschieden
adoperare	gebrauchen
la sala di lettura	der Lesesaal
l'enciclopedịa	das Lexikon, die Enzyklopädie

10

tenere a qualcosa	auf etwas Wert legen
tiene ai dischi	ihm liegt viel an den Schallplatten
prestare	leihen

11

restituire	zurückgeben
rimediare a qc.	etw. wiedergutmachen
la disattenzione	die Unaufmerksamkeit
la copertina	der Einband
la librerịa	die Buchhandlung
il libro è esaurito	das Buch ist vergriffen
l'edizione (w.) di lusso	die Luxusausgabe
l'edizione tascạbile	die Taschenbuchausgabe
il desiderio	der Wunsch

12

affrontare	unternehmen

13 e 14

il pallino	(= das Kügelchen), der Tick, die Manie
il dottorato	der Doktortitel, das Doktorat
esịgere	verlangen
piantare una litigata	Streit anfangen
il bagnino	der Bademeister
ostinarsi	beharren
il parrucchiere	der Friseur
meritarsi	verdienen
sudato	mit Mühe verdient, sauer erworben
coprirsi di ridịcolo	sich lächerlich machen
la manịa	die Manie
cọrrere il rischio	Gefahr laufen
scambiare per	verwechseln mit
il rimedio	das Heilmittel
la laringite	die Kehlkopfentzündung
premẹttere (premesso)	vorausschicken
dare fastidio	lästig sein, stören
il posteggiatore	der Wächter (Parkplatz)
mandare in brodo di giụggiole	Wonne bereiten
ahimè	leider

15

la misura	die Größe (Kleidung)

16

dissetante	durststillend

Grammatik

la deviazione	die Umleitung
il brillante	der Brillant
il / la dirigente	der / die Leiter/in
il / la docente	der / die Dozent/in

il / la mittente	der / die Absender/in
somigliante	ähnlich
commovente	rührend
lucente	glänzend

17 e 18

il personaggio	die Person, Figur (Literatur), Persönlichkeit
la minestra in brodo	die Brühe mit Einlage
la lista	die Speisekarte
il salame	die Salami
l'ossobuco	die Haxe
il filetto	das Filet
il brasato	der Schmorbraten
eccẹtera	und so weiter, etc.
balbettare	stammeln, stottern
esclamare	ausrufen
fare meraviglia	wundern
confuso	verwirrt, konfus
be' (beh)	nun, na, gut
lasci pẹrdere	hören Sie auf, lassen Sie es bleiben
allontanarsi	sich entfernen
brontolare	brummen, knurren

20

ricominciare	wieder anfangen
la frutta	das Obst
il carciofo	die Artischocke
la trota	die Forelle
sodo	gekocht

21

soddisfare un desiderio	einen Wunsch erfüllen
l'appassionato	der Liebhaber
dare incạrico	beauftragen
pur di	nur um (zu), wenn nur
dal vivo	direkt, live
il pianista	der Pianist
russo	russisch
il bagarino	der Schieber
deluso	enttäuscht
confessare	eingestehen
invidioso di	neidisch auf
l'impianto di diffusione	die Tonanlage, die Lautsprecheranlage
incamminarsi	sich begeben, sich aufmachen
la nota	die Note
mạgico	magisch
l'iniziativa	die Initiative
rẹndere partẹcipe	teilhaben lassen
inaugurare	einweihen
intervenire	eingreifen
indirizzare a	richten, adressieren an

22

la bustina	der kleine Umschlag
Minerva	Minerva (altröm. Göttin)
la bustina di Minerva	das Heftchen mit Streichhölzern
apparire (apparso)	erscheinen
di frequente	häufig
il musicista	der Musiker
cinematogrạfico	Kino-, den Film betreffend
il musicọlogo	der Musikwissenschaftler
celebrare	feiern, ehren
la funzione riparatoria	die Wiedergutmachungsfunktion
l'esecuzione capitale	die Hinrichtung
la giustizia	die Gerechtigkeit

23

il divario	der Unterschied, die Verschiedenheit
la vita quotidiana	das tägliche Leben, der Alltag
siccome	da, weil
romạntico	romantisch
filistẹo	philisterhaft, spießbürgerlich
apprezzare	schätzen
il naso	die Nase
lo snob	der Snob
la massa	die Masse

la contraddizione	der Widerspruch
estẹtico	ästhetisch, schön
banale	banal, abgedroschen
condannare	verurteilen
la debolezza	die Schwäche

24

evidente	offenbar, augenscheinlich
prẹndere a pretesto	zum Vorwand nehmen
l'invidia	der Neid
geniale	genial
l'eccellenza	die Vortrefflichkeit, Vollkommenheit
impersonare	verkörpern
trạgico	tragisch
la finzione	die Fiktion, Erdichtung, Vorstellung

25

il mito	der Mythos
il defunto	der Verstorbene
giudicare	(be-)urteilen
in base a	aufgrund von
per quanto grandịssimo	so groß er auch sein möge

9 Amare e odiare

amare	lieben

1

pazzo	verrückt
formidạbile	außerordentlich, großartig

2

stupendo	herrlich, wunderbar
ẹssere entusiasta (m. u. w.)	begeistert sein
carino	nett, hübsch
favoloso	fabelhaft, großartig
splẹndido	glänzend, prachtvoll
magnịfico	herrlich, großartig
fantạstico	phantastisch

3

ẹssere in gamba	tüchtig sein, auf Draht sein

4

il fidanzato	der Verlobte
cotto di (fam.)	verknallt, verschossen in

5

clạssico	klassisch
il frutto	die Frucht, das Ergebnis
l'elaborazione (w.)	die Überarbeitung
ẹssere ambientato	spielen (Lit., Film)
intẹndere (inteso)	beabsichtigen, wollen
il signorotto	der Gutsbesitzer
prepotente	anmaßend, gewalttätig
intimare	auffordern, befehlen
pauroso	ängstlich
il curato	der Seelsorger
invano	vergeblich
combinare	vereinbaren
fallire	scheitern
il frate	der (Ordens-)Bruder
separarsi	sich trennen
il convento	das Kloster
i Cappuccini	die Kapuziner
il monastero	das Kloster
la protezione	der Schutz
la mọnaca	die Nonne
nọbile	adlig
corrọmpere (corrotto)	bestechen, verderben
perseguitare	verfolgen
anziché	anstatt
protẹggere (protetto)	beschützen
drammatico	dramatisch
la vicenda	das Ereignis
la peste	die Pest
il Bergamasco	die Gegend um Bergamo
conclụdere (concluso)	schließen
sereno	heiter, unbeschwert

6

visto che	da, weil

2

baciarsi	sich küssen
la fidanzata	die Verlobte
il / la partner	der / die Partner/in
volersi bene	sich gern haben, sich lieben
affascinante	anziehend, faszinierend

7

l'atteggiamento	das Verhalten, die Haltung
l'abitụdine (w.)	die Gewohnheit
scavare	graben, forschen
la sincerità	die Aufrichtigkeit
pẹndere (peso)	ausschlagen
l'ago	das Zünglein, die Nadel
la bilancia	die Waage
sentimentale	das Gefühlsleben betreffend, sentimental
il fidanzamento	die Verlobung
l'approvazione (w.)	die Billigung, Zustimmung
animatamente	lebhaft
ẹssere infastidito da	belästigt werden von
abbandonarsi	sich hingeben
la smancerịa	das Getue, die übertriebene Herzlichkeit
mentalmente	im Geist, in der Vorstellung
il responso	die Antwort, der Spruch, Bescheid
frạgile	zerbrechlich
l'egoismo	der Egoismus
la passionalità	die Leidenschaftlichkeit
la trascuratezza	die Nachlässigkeit, Schlamperei
la fonte	die Quelle
la serenità	die Heiterkeit, die Unbeschwertheit

9

l'incrociatore (m.)	der Kreuzer
il comandante	der Kommandant
cozzare	anstoßen, auflaufen
causare	verursachen
il danno	der Schaden
il processo	der Prozeß
a bordo	an Bord
l'ufficiale (m.)	der Offizier
ritirarsi	sich zurückziehen
amoreggiare	liebeln, flirten
il grado	der Grad, Rang
la gerarchịa	die Hierarchie, Rangordnung
il marinaio	der Matrose, Seemann
rẹndersi conto	sich Rechenschaft ablegen
l'oscurità	die Dunkelheit
udire	hören
distintamente	deutlich
il campanello	die Glocke, Klingel
mẹttere a riposo	in den Ruhestand versetzen

12

sfiorare	berühren, streifen
il tappeto	der Teppich
la creatura	das Geschöpf, Wesen
l'esclamazione (w.)	der Ausruf
l'ammirazione (w.)	die Bewunderung
la fanciulla	das Mädchen
la taglia	der Wuchs, die (Körper)-Größe
superbamente	glänzend, stolz
la vita	die Taille
la pelle	die Haut
roseo	rosig
sbocciare	aufblühen
il pirata	der Pirat
scuọtere	schütteln
l'ạnima	die Seele
fiero	stolz
sanguinario	blutgierig
terrịbile	schrecklich
la tigre	der Tiger
la Malesia	der Malaiische Archipel
affascinare	bezaubern, faszinieren
dinanzi, dinnanzi	vor, gegenüber
leggiadro	anmutig, reizend, lieblich
il bosco	der Wald

13

goloso	naschhaft, gierig
il mugnaio	der Müller
minụscolo	klein, winzig
responsạbile	verantwortlich, verantwortungsbewußt
l'illustratore (m.)	der Illustrator, Zeichner
la culla	die Wiege
la dose	die Dosis, Portion
il biberọn	das Milchfläschchen
la pappa	der Brei
la gelosịa	die Eifersucht

14

la sfumatura	die Nuance, der Ton
l'amante (m. u. w.)	der / die Geliebte
gli amanti	das Liebespaar
reale	königlich
immaginario	erfunden, erdacht
spietato	hartnäckig, erbittert
inaccessịbile	unerreichbar
la passione	die Leidenschaft
frẹmere	erregt sein, beben, entbrennen
bruciare	brennen
la vena	die Ader, Vene
interamente	ganz
mẹttersi in ginocchio	sich hinknien
la dichiarazione	die Erklärung

15

ẹssere giù (fam.)	niedergeschlagen sein
farsi bello	sich schönmachen
voltarsi di scatto	sich ruckartig umdrehen, abwenden
non mi importa più nulla	er / sie / es interessiert mich nicht mehr

16

il contrasto	der Streit, die Meinungsverschiedenheit
malgrado che (mit Konj.)	obwohl, obgleich

18

mi fa schifo	es ekelt, widert mich an

19

le finali	das Finale
il tornẹo di tennis	das Tennisturnier
fare il tifo per	anfeuern, ein Fan sein von
la squadra	die Mannschaft
la folla	die (Menschen-)Menge

20

la crisi matrimoniale	die Ehekrise
fatale	schicksalshaft, fatal
progressivo	fortschreitend
l'usura	die Abnutzung, der Verschleiß
la convivenza	das Zusammenleben
l'opposto	das Gegenteil
l'estraneità	die Fremdheit, Entfremdung
aziendale	Betriebs-, betriebseigen
la schedina	der Schein
il totocalcio	das (Fußball-)Toto
rincasare	nach Hause kommen
la rata	die Rate
la cambiale	der Wechsel (Bank)
fare l'amore, all'amore	sich lieben, miteinander schlafen
il saggio	die Abhandlung
straripare	überfließen
l'iperconvivenza	das dauernde Zusammensein
i cọniugi	das Ehepaar
limare	feilen, quälen, plagen

21

sgradẹvole	unangenehm
scatenarsi contro	losbrechen, sich auflehnen gegen
divorziare	sich scheiden lassen
la separazione	die Trennung

22

il pẹtalo	das Blütenblatt
nullo	ungültig
la registrazione	die Aufnahme
la lite	der Streit

23

l'anello	der Ring
trarre	(heraus-)ziehen
appartenere	gehören
pessimista	pessimistisch
guardarsi attorno	sich umsehen (in einem Raum)
la chiarezza	die Klarheit
futuro	zukünftig

24

il notaio	der Notar
pericolare	in Gefahr sein, wanken
la morfina	das Morphium
il divorzio	die Scheidung

25

il ritaglio	der Ausschnitt
il separato	der Getrenntlebende
nei confronti di	gegen, gegenüber
la prudenza	die Vorsicht, Besonnenheit
l'avversione (w.)	die Abneigung
ambịguo	zweideutig, zwiespältig
il legame	die Bindung, das Band

26

il referendum	der Volksentscheid
superato	veraltet
complesso	kompliziert
perfino	sogar
ingiusto	ungerecht

27

nonostante	trotz
si suol dire (veraltet)	man pflegt zu sagen

10 Prendere posizione II

1

l'ordinamento	die Ordnung, der Aufbau
la repụbblica	die Republik
la democrazịa parlamentare	die parlamentarische Demokratie
il suffragio universale	die allgemeine Abstimmung, Wahl
comporsi (composto)	sich zusammensetzen, bestehen
l'assemblẹa	die Versammlung
la cạmera	die Kammer
il deputato	der Abgeordnete
il senato	der Senat
suddivịdere (suddiviso)	unterteilen, einteilen
amministrativamente	verwaltungsmäßig, Verwaltungs-
la provincia	die Provinz
il comune	die Gemeinde
lo statuto	die Satzung, das Statut, die Verfassung
ordinario	gewöhnlich, normal
godere	genießen
l'autonomịa	die Unabhängigkeit, Autonomie
aderire	zustimmen, sich anschließen
il Patto Atlạntico	das Atlantische Bündnis

2

l'educazione cịvica	die Sozialkunde, Gemeinschaftskunde
il membro	das Mitglied
elẹggere (eletto)	wählen
la proposta / il disegno di legge	der Gesetzentwurf
approvare	billigen, zustimmen
respịngere (respinto)	zurückweisen, ablehnen
apportare una modịfica	eine Änderung anbringen, einen Änderungsvorschlag machen

rimandare	zurückschicken, verschieben, vertagen
bloccare	blockieren

3

il potere	die Macht, Gewalt
guidiziario	richterlich, die Rechtsprechung betreffend
esecutivo	vollziehend, exekutiv
legislativo	gesetzgebend
l'urna	die Urne

4

sostenere	vertreten, verfechten
la necessità	die Notwendigkeit

5

il comizio	die Versammlung, Wahlkundgebung
laico	Laien-, weltlich
ispirarsi a	sich inspirieren lassen von, sich einstellen auf, folgen
il cattolicẹsimo	der Katholizismus
il PCI (Partito Comunista Italiano)	die Kommunistische Partei Italiens
il PSI (Partito Socialista Italiano)	die Sozialistische Partei Italiens
la Democrazịa Cristiana (la DC)	die Christdemokratische (Partei)

6

il pentapartito	die Fünfparteienregierung
la coalizione	die Koalition
la maggioranza assoluta	die absolute Mehrheit
la maggioranza relativa	die relative (einfache) Mehrheit
il leader	der Führer
il capo del governo	der Regierungschef
il primo ministro	der Premierminister
le elezioni politiche	die (Parlaments-)Wahl

1

il PRI (Partito Repubblicano Italiano)	die Republikanische Partei Italiens
che te ne pare?	was hältst du davon, denkst du darüber?
la femminista	die Feministin
il convegno degli ecologisti	der Ökologenkongreß, die -tagung
il dibạttito sindacale	die Gewerkschaftsdebatte
il pacifista	der Pazifist
il segretario del partito	der Parteisekretär
incisivo	eindrucksvoll, ausgeprägt, markant
la deputatessa	die Abgeordnete
l'intervento	der (Rede-)Beitrag
la sociologịa	die Soziologie
il giụdice	der Richter

7

governare	regieren
la caramella di menta	das Pfefferminzbonbon

8

le forze dell'ọrdine	die Ordnungskräfte
ciascụn corpo	jede Abteilung, Körperschaft, Gruppe
la competenza	die Zuständigkeit, Kompetenz
consentire	zustimmen
piacẹvole	angenehm
la presenza capillare	das dichte Vorhandensein
la stazione dei Carabinieri	der Carabinieriposten
la tutela	der Schutz
il vịvere civile	das zivilisierte Zusammenleben
la polizịa doganale	die Zollpolizei

il territorio	das Gebiet, Land, Territorium
prevalente	vorherrschend
la polizịa fiscale	die Steuerpolizei
espletare	erfüllen (Aufgabe)
l'eccesso di velocità	die Geschwindigkeitsüberschreitung
l'ebbrezza	die Trunkenheit
l'infrazione (w.)	das Übertreten, Brechen (Gesetz)
il cọdice della strada	die Straßenverkehrsordnung
sanzionare	sanktionieren, mit einer Strafe belegen
la violazione	das Übertreten, Brechen (Gesetz)
contestare	protestieren
determinare	bestimmen
la sanzione pecuniaria	die Geldstrafe
la valuta	die Währung
vigente	geltend
la riduzione	die Verminderung
l'importo	der Betrag
lo smarrimento	der Verlust, das Verlieren
il furto	der Diebstahl
lo scippo	der Handtaschendiebstahl (durch Wegreißen)
la malversazione	die Unterschlagung
ove (dove)	wo
il fine	der Zweck
assicurativo	Versicherungs-
redarre (redatto)	abfassen
la carta da bollo	das Stempelpapier
l'insegna	das Schild
l'esterno	das Äußere
preporre (preposto)	voranstellen
la viabilità cittadina	das städtische Straßennetz
riconoscịbile	erkennbar
il contrassegno	das Zeichen
apporre (apposto)	anbringen
l'uniforme (w.)	die Uniform

9

la mafia	die Mafia
la definizione	die Erläuterung, Definition
criminoso	verbrecherisch
l'attuazione (w.)	die Verwirklichung, Durchführung
primitivo	einfach, primitiv
rẹggersi	sich stützen auf
la segretezza	die Heimlichkeit, Verschwiegenheit
l'omertà	Gesetz des Schweigens
ricọrrere (ricorso)	zurückgreifen
l'intimidazione (w.)	die Einschüchterung, Drohung
l'estorsione (w.)	die Erpressung
il sequestro	die Entführung
l'omicidio	der Totschlag
procurarsi	sich verschaffen
il guadagno	der Verdienst
illẹcito	unrechtmäßig, unerlaubt
stare zitto	schweigen, den Mund halten
il padrone	der Arbeitgeber, Chef

10

la lega di resistenza	die Widerstandsbewegung, -liga
l'operaio tipọgrafo	der Drucker
l'organo	das Organ
il collegamento	die Verbindung
fondare	gründen
la caduta	der Fall, Niedergang
il fascismo	der Faschismus
ricostituirsi	sich neu bilden
la corrente	die Strömung
la confederazione	der Bund, das Bündnis
il settore di lavoro	der Arbeitssektor, Wirtschaftszweig
staccarsi da	sich lösen von
costituire	einrichten, gründen
la scissione	die Spaltung
il socialdemocrạtico	der Sozialdemokrat

dare vita a	ins Leben rufen
la tẹssera	der (Mitglieds-)Ausweis

11

ẹssere in disaccordo con	nicht übereinstimmen mit, ablehnen
lo slogan	der Spruch, Slogan
la base	die Basis
il giochetto	das Spielchen
salvaguardare	retten, bewahren
l'accusa	die Anklage
migliorare	verbessern
fare polịtica	eine Politik betreiben

12

equo	gleich
la diseguaglianza	die Ungleichheit
la diversità	die Verschiedenheit
il ragionamento	die Überlegung, Ansicht
il concetto	die Auffassung, der Begriff

2

l'affermazione (w.)	die Bejahung, Behauptung
che razza di ...? (fam.)	was für ...?
discutịbile	strittig, fragwürdig, diskutabel
il frustrato	der Frustrierte

13

l'ạcido	die Säure
il turco	der Türke
la buccia	die Schale (Obst)
gonfio	geschwollen
l'ambulatorio	die Ambulanz, das Sprechzimmer
scadere	verfallen, ungültig werden

14

il manifesto	das Plakat, der Anschlag, das Manifest
predisporre (predisposto)	vorbereiten, vorsehen
il servizio di consulenza	der Beratungsdienst
legale	Rechts-, legal
attenere	betreffen
contrattuale	Vertrags-
il disbrigo	die Erledigung, Abwicklung
il permesso di soggiorno	die Aufenthaltsgenehmigung
la questura	das Polizeipräsidium, die Polizei
innanzitutto	vor allem
rilevante	bedeutend, relevant
l'inserimento	die Eingliederung
orgạnico	organisch
duraturo	dauerhaft
normativo	Normen-, normativ, maßgebend
l'integrazione (w.)	die Integration
scolạstico	schulisch

15

la borgata	der Vorort
la baracca	die Baracke
il sịndaco	der Bürgermeister
egregio	sehr geehrter ...
l'onore (m.)	die Ehre
lo sfruttamento	die Ausbeutung
l'ingiustizia	die Ungerechtigkeit
lo zoppo	der Hinkende
fare i neutrali	neutral bleiben
l'acquedotto	die Wasserleitung, der Aquädukt
il ghetto	das G(h)etto

16

il sacerdote	der Priester, Geistliche
recuperare, ricuperare	(der Gesellschaft) zurückgeben, wiedereingliedern
emarginato	einer Randgruppe angehörend
la pedagogịa	die Pädagogik
la professoressa	die Lehrerin, Professorin

17

umiliare	demütigen
adulto	erwachsen
il cretino	der Dumm-, Schwachkopf
la prima (media)	die erste Klasse der *scuola media* (6. Schuljahr)
svagato	zerstreut, gedankenlos
allẹrgico a	allergisch gegen
sentenziare	aburteilen, beurteilen
il delinquente	der Verbrecher
levarsi qualcuno di torno	sich jemanden vom Hals schaffen
l'officina	die Werkstatt
la bocciatura	die Nichtversetzung, das Sitzenbleiben
la soddisfazione	die Genugtuung, Zufriedenheit

18

l'handicappato	der Behinderte
il principio	das Prinzip
la ricerca	die Untersuchung
la scuola speciale	die Sonderschule
agitare	aufregen
impaurito	verängstigt
il passerotto	das Spätzchen
la (classe) differenziale	die Sonder(schul)klasse
terrorizzare	terrorisieren
soddisfacente	zufriedenstellend

19

il hạndicap	die Behinderung
l'equipe (w.)	das Team
la terapịa	die Behandlung, Therapie
adottare	anwenden
istituire	einrichten

20

la clịnica psichiạtrica	die psychiatrische Anstalt
attuare	durchführen, verwirklichen
la salvaguardia dell'ambiente	der Umweltschutz

21

dare le dimissioni	zurücktreten
la concentrazione	die Konzentration, Zusammensetzung
il cacciatore	der Jäger
l'uccello	der Vogel
a man salva	unbehelligt, ungehindert
i rifiuti	die Abfälle
lottizzare	parzellieren
lo sfogo	der Ausbruch
irrefutạbile	unwiderlegbar, unbestreitbar

22

la matita	der Bleistift
il verde	der Anhänger der Grünen (Partei)
l'ambientalista	der Umweltschützer

23

l'inquinamento	die Verseuchung
il conservante	der Konservierungsstoff
indire (indetto)	anberaumen, ansetzen, ausschreiben
l'ecologista	der Ökologe
atọmico	Atom-
stroncare	abbrechen, ein Ende bereiten
antidemocrạtico	undemokratisch
la protesta	der Protest

24

l'unghia	der (Finger-/Fuß-)Nagel
l'istallazione (w.)	die Einrichtung
presunto	angenommen, angeblich
lọgico	logisch
la fornitura	die Ausstattung, Ausrüstung
fruire	genießen

il vantaggio	der Vorteil
scaricare	abladen
il disagio	das Unbehagen

25

l'agrifoglio	die Stechpalme
la segnalazione	die Meldung, Anzeige
sottoporre (sottoposto)	unterbreiten, vorlegen
il comitato	der Ausschuß, das Komitee

26

ridare	zurückgeben
la limpidezza	die Klarheit, Reinheit
la salubrità	die Gesundheit, Heilsamkeit
emẹrgere (emerso)	hervorragen
congiunto	vereint, gemeinsam
la mobilitazione	die Mobilmachung, der Aufruf
coordinato	abgestimmt, koordiniert
la salvezza	die Rettung, das Heil
l'associazione (w.)	der Verein

27

il dicastero	das Ministerium
battezzare	taufen
sepellire	beerdigen, begraben
l'ecologịa	die Ökologie
astenersi	sich enthalten
rinviare	verschieben
la probabilità	die Wahrscheinlichkeit
estivo	sommerlich, Sommer-

Quellenverzeichnis – Fortsetzung von Seite 15

Seite
121 Nr. 28: La Repubblica, 2.1.1986
122 Nr. 30: La Repubblica, 25.7.1985
Fakultativtext: Agriturist 1982
Nr. 5: G. D. Kumlien: Questi italiani, Lerici ed., Mailand 1962
125 La Repubblica, 19.9.1984
126 R. Gervaso: Il grillo parlante, Bompiani, Mailand 1983
127 Nr. 7: L. Barzini: Gli italiani, Mondadori, Mailand 1970
Altan: I Buoni, Panorama, A. Mondadori, Mailand
128 Gerhard P. Müller/BILDARCHIV BUCHER, München
129 Gerhard P. Müller/BILDARCHIV BUCHER, München
131 oben rechts: Il Messaggero di Roma, 13.8.1985
unten rechts: Il Tempo, 16.11.1985
132 Nr. 12: Gruppo scuola popolare: Una scuola fatta da noi, Coines Ed., Rom
A mio padre: Emigrazione e imperialismo, Ed. Riuniti, Florenz 1968
134 La Settimana Enigmistica, 27.7.1985
135 La Settimana Enigmistica, 7.12.1985
Parole come strumenti 3, A. Mondadori, Mailand 1981
138 Tra noi – Francia, Istituto della Enciclopedia Italiana, Rom 1985
139 La Repubblica, 8.1.1986
140 Nr. 22: Oggi, Juli 1985
Nr. 23: Il Mattino, 3.7.1985
141 La Repubblica, 24.2.1986
142 nach einer Anzeige in Amica, 4.6.1985
Foto: Prenzel-IFA Bildagentur, München
143 Nr. 25, Abb.: L'Espresso, 10.11.1985
Text: La Repubblica, Dez. 1985
145 G. Rodari: Le filastrocche in cielo e in terra, Einaudi, Turin 1960
146 Adaptiert nach G. Soravia: Prima lingua, G. Principato, Mailand 1980
147 Nr. 5: La Settimana Enigmistica, 22.6.1985
Illustr. zu Nr. 7: La Settimana Enigmistica, 25.5.1985

Seite
148 Abb. in Grammatik: G. Pittàno: Lingua, Ed. Scolastiche Bruno Mondadori, Mailand
149 Abb.: La Napoli di Bellavista, A Mondadori, Mailand 1979
Text: G. Mosca: Diario di un padre in Greco et al.: Chi parla sceglie, Istituto Geografico de Agostini, Novara 1983
153 Novella 2000, 1985
154 © Quino, Distr. by Quipos s.r.l.
156 Comitato Italiano Fondo di Corresponsabilità
157 Agriturist, Guida dell'ospitalità rurale, Edizioni SEPE, Rom 1982
158/159 Domenica Quiz, 13.6.1985
160 Nr. 21: Gente, 1985
Nr. 22: L'Espresso, 30.6.1985
163 Nr. 5: La Monaca di Monza, Zeichnung von Renato Guttuso
165 Nr. 7: Il Messaggero, 29.12.1985
166 C. Cederna, Panorama, 26.1.1986
168/169 Marina, Mensile di fotoromanzi
170 Nr. 12: E. Salgari: Le Tigri di Mompracem, aus: Bonati, Grammatica rinnovata della lingua italiana, Ed. Le Stelle, Mailand 1979
Nr. 13: Amica, 4.6.1985
171 L'Espresso, 26.7.1985
173 Le Letture 2, Garzanti, Mailand 1985
174 Gioia, 3.2.1986
175 Nr. 20: L. Goldoni: Esclusi i presenti, A. Mondadori, Mailand 1970
176 La Settimana Enigmistica, 27.7.1985
177 Nr. 22, links oben: La Settimana Enigmistica, 7.12.1985
links unten: G. Guareschi, Italia Provvisoria, Rizzoli, Mailand 1983
rechts: Domenica Quiz, 27.6.1985
178 oben: Domenica Quiz, 6.6.1985 und 20.6.1985
rechts unten: Wieslaw Rosocha aus: «In tema di» – mediana e cultura 1985
179 N. Ginzburg: Le voci della sera, Einaudi, Turin 1961

Seite
180 Nr. 25: L'Espresso, 4.9.1983
Nr. 26: L'Espresso, 15.1.1984
Nr. 27: L'Europeo, 1975
Foto: F. Winterholler, München
181 Nr. 1: Italia no problems – Ministero del Turismo e dello Spettacolo – ACI
182 Prima storia 3, Ed. Le Stelle, Mailand 1981
183 Montecitorio aus: Montanari: Storia e civiltà dell'uomo, Calderini, Bologna 1981
Quirinale aus: Vademecum per il Quirinale, Beilage zu L'Espresso 1985
184 © Quino, Distr. by Quipos s.r.l.
186 Nr. 7: © Quino, Distr. by Quipos s.r.l.
Nr. 8: Italia no problems – Ministero del Turismo e dello Spettacolo – ACI
187 Abb. G. Forattini: Pagine Gialle, A. Mondadori, Mailand 1984
188 Nr. 10: Parole come strumenti 3, A. Mondadori, Mailand 1981
190 Parole come strumenti 3, A. Mondadori, Mailand 1981
La Settimana Enigmistica, 8.6.1985; Altan: I Buoni, Panorama, A. Mondadori, Mailand 1986
Nr. 13: D. Maraini: Mio marito, Bompiani, Mailand
191 Toscana Emigrazione 11
192 Raffaele Simone: Fare italiano, La Nuova Italia, Florenz 1979
193 Nr. 17: Lettera a una professoressa, Libreria Editrice Fiorentina 1976
194/195 «Il matto in casa» aus: L'Espresso, 18.7.1982
«Oltre le sbarre» aus: Panorama, 9.11.1981
«E adesso, poveri matti» aus: L'Espresso, 24.1.1982
«Chiusi i manicomi» aus: La Stampa, 10.9.1983
«Quei nostri fratelli» aus: L'Espresso, 18.3.1984
196 L'Espresso, 6.4.1986
197 L'Espresso, 6.4.1984; «Inquinamento» aus: Il Giorno, 25.11.1985
198 «Le centrali ...» aus: Il Tempo, 3.8.1985
«Vietato tossire» aus: Parole come strumenti 3, Mondadori, Mailand 1981
«Vorrei tanto» aus: Diario BC, Mondadori, Mailand 1977
199 «Se avessimo avuto», Distribuzione Field Newspaper Syndicate, 6.3.1979
200 «L'Agrifoglio», World Wildlife Fund
«Il telefono verde» aus: Paese Sera, 13.8.1985
201 Regione informa, 4/1985, Giunta Regionale Emilia-Romagna
Nr. 27: «Ministero per l'ambiente» aus: La Repubblica, 25.7.1985
205 Nr. 7: Leonore Ander, München
Nr. 8: Domenica del Corriere, 1970
206 Nr. 9: Meyers Konversationslexikon, 5. Aufl., Bibliogr. Institut Leipzig

Seite
Nr. 10: Rainer Binder/Bavaria, München
Nr. 11: Nagy/Bavaria, München
Nr. 12: Marcella Pedone/Bavaria, München
207 Nr. 13: Panorama, 17.7.1983
Nr. 14: nach einer Vorlage aus: L'Espresso, 5.2.1984
Nr. 15: nach einer Vorlage aus: Domenica del Corriere Nr. 17, 1983
208 Nr. 1: Roland Arnold/Bavaria, München
Nr. 2: Steve Vidler/Bildagentur Mauritius
209 Nr. 3: S. Bohnacker/Bavaria, München
Nr. 4: M. Thomas/BILDARCHIV BUCHER, München
210 Nr. 5: M. Thomas/BILDARCHIV BUCHER, München
Nr. 6: Marcella Pedone/Bavaria, München
211 Nr. 7: Wolfgang Maier/Bavaria, München
Nr. 8: Brintzer/Prenzel-IFA Bildagentur, München
Nr. 9: nach einer Vorlage aus: Spazi e civiltà 1, Giunti Marzocco, Florenz 1983
212 Spazi e civiltà 1, Giunti Marzocco, Florenz 1983
213 Nr. 1: Günter Brinkmann/Bavaria, München
Nr. 2: Marka/Bavaria, München
214 Nr. 3: Roth/Bavaria, München
Nr. 4: Lauer/Prenzel-IFA Bildagentur, München
215 Nr. 5: Taxi, Moda, Mode, Modi, August 1986
Nr. 6: UPW/Bavaria, München
Nr. 7: Fiat, Heilbronn
216 Text adaptiert nach Garzanti, Le letture 3. Figurinen gezeichnet nach: Il teatro come nasce, Signorelli, Mailand 1983
217–219 Texte (adaptiert) und Zeichnungen aus: C. Poesio, Conoscere le maschere italiane, Ed. Primavera, Florenz 1982
Arlecchino oggi aus: L'Espresso, 18.8.1985
220 Gedichte «Piazza di Spagna a Roma», «Mamma mia» und «Ed è subito sera» aus: La nuova indagine 1, 2 und 3, Signorelli, Mailand
221 Nr. 1: R. Guttuso vor dem Kartenspielergemälde, Michael von Graffenried, Bern
Nr. 2: Giorgio Morandi, Stilleben 1959, Joachim Blauel – ARTOTHEK
Nr. 3: Carlo Carrà, Privatbesitz
222 Nr. 4: Umberto Boccioni, 1882–1916: Volumi Orizzontali, 1912, Joachim Blauel – ARTOTHEK
G. Pascoli, Fides, La nuova indagine 3, Giunti Marzocco, Florenz 1983
223 P. P. Pasolini, La romanesca loro sera di maggio, La nuova indagine 3, Giunti Marzocco, Florenz 1983
Nr. 5: Amadeo Modigliani: Gli sposi, 1915, New York, Metropolitan Museum of Modern Art.
224 Giorgio de Chirico, 1889– : Die beunruhigenden Musen, 1916/17. Joachim Blauel – ARTOTHEK